성인에서의 주의력결핍/과잉행동장애

Adult ADHD

반건호 · 백상빈 · 유한익 · 방수영 공저

UUP

성인에서의 주의력결핍/과잉행동장애(Adult ADHD)

2018년 10월 10일 초판 4쇄 발행
2010년 1월 26일 초판 3쇄 발행
2009년 10월 6일 초판 2쇄 발행
2009년 6월 16일 초판 발행

지은이 | 반건호, 백상빈, 유한익, 방수영 공저
발행인 | 김도연
발행처 | UUP(울산대학교출판부)

출판등록 | 제 370-1996-000001호(1996.3.13)
홈페이지 | http://uup.ulsan.ac.kr
주소 | 680-749 울산광역시 남구 대학로 93(무거동) 울산대학교 출판부
전화 | (052) 259-2488
팩스 | (052) 277-3011

값 6,500원

ISBN 978-89-7868-179-7

* 잘못된 책은 교환해드립니다.
* 이 도서의 국립중앙도서관 출판시도서목록(CIP)은 e-CIP 홈페이지 (http://www.nl.go.kr/ecip)에서 이용하실 수 있습니다. (CIP제어번호 : CIP2009001712)

서문

주의력결핍/과잉행동장애(ADHD)는 독특한 질환이다. 진단 기준상 7세 이전에 증상이 나타나야 하고, 환자 중 일부는 청소년기는 물론 성인기에도 증세가 지속되는 것으로 알려지고 있다. 염색체 질환 이외에 이렇듯 평생 증상이 지속되는 질병은 많지 않다. 유병율도 높다. 아동기에 3-7% 정도였다가 성인기에는 1/3 정도가 증상이 남아있다고 하니 성인 인구의 1-3% 이상이 ADHD에 해당한다. 하지만 실제 임상에서 성인 ADHD 환자를 만나기는 쉽지 않다. 의사 입장에서 성인 ADHD 환자를 만난다고 해도 당혹스럽다.

저자들은 오래 전부터 이러한 성인 ADHD에 대한 충분한 자료 및 대책을 정리한 서적이 나오기를 기대하였다. 안타깝게도 국내에서 아직 이런 서적이 출판되지 않았고, 이번 기회에 직접 정리해보기로 의견을 모았다. 집필 과정에서 왜 그러한 책이 나오지 않고 있는지 새삼 느꼈다. 국내 자료는 물론이고 외국 자료도 충분치 않았다.

1장에서는 성인 ADHD를 소개하고 치료의 당위성을 부여하고자 하였으나, 성인에서 ADHD가 실재하는지 전개하기에도 역부족이었다. 2장에서는 성인 ADHD의 생물학적 특성을 기술하고자 하였으나 실제로 성인의 자료를 제시하지는 못하는 한계를 보였다. 3장은 성인기의 진단 기준을 정리하였다. 안타깝게도 공식 진단은 여전히 불확실한 상태이며, DSM-IV-TR에서도 성인기 ADHD의 양상(specifier)을 따로 제시하지 않았다. 4장 약물치료에서도 역시 성인기의 자료 제시에 한계를 보였다. 5장에서는 교육, 지도, 정신치료, 인지행동치료 등 외에 부부 및 가족치료의 이론을 제시하였다. 특히 부부치료는 성인 ADHD 치료에서 대단히 중요하다. 이번에는 다루지 못하였으나, 추후 ADHD 부모와 함께 사는 자녀들의 정신건강에도 눈길을 돌려야 할 것이다. 6장 자조치료 부분은 약물치료나 다른 치료에 비해 실제로 많은 자료가 나와 있다. 출판된 책들도 많고 자조 그룹이 운영하는 웹사이트도 많다. 예를 들면 이 책에 소개된 '성인ADHD환자에게 도움이 되는 삶의 원칙들'은 대단히 실제적이고 구체적인 현실 지침이므로 일반인이나 환자 층에 설득력이 더 높을 수 있다. 우리나라 경우는 아직 이러한 자조 치료가 활성화 되지 못한 상태이지만 이러한 움직임이 필요할 것이다. 하지만 성인 ADHD 개념 소개도 충분치 않은 상태에서 이러한 개념 도입은 장단점이 있을 것이다. 정신과의사들과 이들 직역간의 교류 및 공조가 절실하다. 7장의 경우, 여성 ADHD에 대한 내용은 성인 ADHD 내용의 도입과 마찬가지로 더욱 절실한 내용이다. 아직 성인 ADHD의 정체성도 확립되지 못한 상태이며, 상대적으로 유병율이 낮은 여성 ADHD 환자의 경우 질병으로 인정받지 못하고 게으르거나 부주의한 여성, 아내, 엄마로 취급 받을 수 있기 때문이다. 8장은 이들 성인 ADHD 사람들이 살아가면서 당장 부딪히는 문제들이다. 직업은 성인에게 가장 중요한 문제 중 하나이다. ADHD의 질병 개념이 사회에서 제대로 이해되지 못한다면 성인 ADHD 군이 부적절한 대우를 면할 수 없게 되는 이유가 되며, 치료로 이어지기도 어렵다. 우리나라의 경우 남자 아동청소년이 성인이 되면서 곧바로 부딪히는 문제가 바로 군대이다. 이렇듯 성인 ADHD는 질병이기에 앞서 현실 문제로 먼저 만나게 된다.

이 책의 내용이나 구성을 보면 ADHD 특성만큼이나 충동적으로 진행된 흔적을 곳곳에서 찾아볼 수 있고, 의욕은 넘치나 체계적인 실천이 없음을 알 수 있으며, 필요한 부분에 제대로 주의를 기울이지 못했음을 알 수 있다. 하지만 시행착오 없이 변화와 발전이 없듯이 이러한 점들에 대해 독자 여러분의 큰 아량을 기대하며, 국내에서 성인 ADHD를 이해하려는 작은 노력의 출발로 받아들여 주시기를 바란다.

2008년 12월 24일

저자 반건호, 백상빈, 유한익, 방수영

목차

제1장
성인에서의 주의력결핍/과잉행동장애란*

주의력결핍-과잉행동증후군은 1950-60년대에 미세뇌기능장애(minimal brain dysfunction: MBD)라고 불리던 개념(Clements 1966)으로, 현재는 ICD-10(WHO 1992)에서 과잉행동을 주된 문제로 간주하여 과잉행동장애라는 진단명을 사용하고 있다. DSM-IV-TR-TM(APA 2000)에서는 주의력결핍-과잉행동장애(Attention Deficit-Hyperactivity Disorder: ADHD)로 분류하고 있다. 이 질환은 학령기아동의 5-8%에서 나타나는 것으로 알려져 있다(Szatmari 등 1989). 이토록 높은 유병율을 보이는 질환에 이환된 아동들이 자라면서 어떤 경과를 보일지에 대한 관심이 높아지고 있다. 즉, 유소아기에 ADHD로 진단받은 환자들이 청소년기

* 본 챕터의 내용 일부는 반건호와 조아랑의 '성인에서의 주의력결핍-과잉행동장애', 경희의학 18:143-157, 2002에서 발췌하였음.

를 거쳐 성인기에 들어서면 어떻게 될 것인가 하는 것에 대해서 논란이 일고 있다. 특히 성인이 된 후에도 ADHD가 유소아기와 같은 증상을 보일 것인가에 관심이 모아지고 있다. 하지만 ADHD가 소아에 국한된 질병이라는 오해와 편견 때문에 성인 ADHD 문제는 오랫동안 관심을 받지 못했었다(Wender 2000). 주 증상 중 하나인 과잉행동은 질병 경과상 나이가 들면서 점차 줄어들게 되므로 질환 자체가 소실되는 것으로 잘 못 생각하는 경우도 종종 있었다. 부모가 ADHD 아동에게 관심을 갖게 되는 이유 중 하나가 상당수 환아들이 학습장애를 동반하기 때문인데, 학교를 떠난 뒤에는 학습문제에서 벗어나므로 보호자의 관심이 줄어들게 된다(Wender 1995).

성인 ADHD와 관련된 또 다른 관심 중 하나는 치료약물의 특성과도 관계가 있다. ADHD의 대표적 치료 약물 중 하나로 덱스트로암페타민(dextroamphetamine)을 들 수 있는데, 아동기 이후에 약물을 사용할 경우 남용을 우려하고 있으며, 성인에서의 효과도 미지수이다(Weiss 등 1999b).

성인 ADHD 진단율이 낮은 이유 중 하나로 이들이 보일 것으로 예상되는 증상이 대개 품행장애, 반사회적 성격장애, 물질남용장애, 적응장애, 기분장애 등과 중복되는 부분이 많아서 결국 공존질환을 우선적으로 인정하게 될 가능성이 높기 때문이다(Mannuzza 등 1993). ADHD를 의심하는 경우라고 할지라도 이미 성인이 된 상태에서 소아기의 병력을 확인하는 것도 쉽지 않다(Wender 1995).

그러나 아동기 ADHD 환아의 장기추적 검사 결과들이 보고되면서 성인 ADHD 환자에 대한 관심은 점차 늘고 있다. 일부 연구자들의 보고(Barkley 등 1990)에서는 ADHD 환아의 70-80%가 청소년기에 들어서도 또래에 비해 부적절한 증상을 보인다고 하였으며, 30% 정도는 성인기에도 일부 증상이 지속된다고 하였다(Mannuzza 등 1993, Mannuzza 등 1998). 성인기가 되면 질병 특성이 아동기와 다르게 대인관계의 어려움, 성적 부적응, 잦은 교통위반, 사회경제적 성취도 저하 등으로 나타난다고 하였다.

Weiss와 Hechtmann(1993), Gittelman 등(1985), Mannuzza 등(1993)도 15-16년의 장기 추적 연구를 통하여 아동기 ADHD 문제가 성인기로 상당수 이행하는 것을 제시한 바 있다. Nigg 등(2002)은 기능을 잘 하고 있는 성인 ADHD 군에서도 운동반응통제가 결함이 있음을 보고하였다.

이렇듯 성인 ADHD 환자군에 대한 관심이 늘게 된 역사를 검토해 보자.

1. 역사적 고찰

주의력결핍/과잉행동증후군(Attention Deficit/Hyperactivity Disorder: ADHD)에 대해 최초로 구체적인 기술을 남긴 이는 스코틀랜드 의사였던 Alexander Crichton(1763-1856) 경이라고 할 수 있다. 1798년 저서 'An inquiry into the nature and origin of mental derangement: comprehending a concise system of the physiology and pathology of the human mind and a history of the passions and their effects' 의 '주의력' 챕터에서 '정신적으로 가만있지 못함'에 대해 기술하였다(Crichton 1798). "어떤 한 물체에 대해 지속적으로 주의를 기울이는 능력이 없음을 말하며, 대개 일부러 꾸민 듯 혹은 신경이 병적으로 감각이상을 보여서 생기고, 끊임없이 이것 저것 집적거리게 된다. 타고나기도 하고 우연히 병에 걸려 생기는 효과일 수도 있다."

"타고난 경우에는 일찍부터 눈에 띄게 되며 좋지 않은 결과를 낳는다. 어떤 한 가지를 교육시키는 데 주의를 기울이지 못한다. 모든 면에 다 심하게 영향을 미치지는 않으며, 다행인 것은 대개 나이를 먹으면서 사라진다는 것이다." "이런 신경 상태를 특별히 부르는 이름이 있는데 다름아닌 안절부절못함(fidgets)이다." Crichton경은 이런 아이들에게는 특별한 교육이 필요하며 노력을 많이 해도 주의력 문제는 분명히 나타난다고 하였다. 그는 이백 여 년이나 앞서 ADHD의 주의력결핍 형에 대해 기술하였으며, ADHD의 일반적 특성인 주의력문제, 가만히 있지 못함, 조기 발병, 학습에 미치는 영향 등을 서술하였다. 오늘날 이론과 차이가 있다면 주의력 문제가 나이가 들면서 점차 줄어든다고 한 점이다. 훗날 Still이 강조한 도덕성에 대해서도 언급하지 않았다.

성인 ADHD에 대해 최초의 구체적 기술은 1902년 George Frederick Still 경의 'Goulstonian lectures'에 나타난다(Still 2006). 영국 최초의 소아의학 전문가인 그는 1902년 3월 4일, 6일, 11일, 세 차례 런던의 Royal College of Physicians에서 행한 43명의 주의력 문제와 자기조절 문제가 있는 아동에 대한 강연에서 오늘날의 ADHD와 유사한 아이들을 소개하였다. 이들은 지능은 정상이지만 공격적이고, 반항적이며, 규칙을 지키지 않고, 감정이 과도하게 풍부하고, 통제력이 없으며 주의력 유지에 심각한 장애가 있었다. 사실 Still경의 사례에서는 주의력보다 도덕성 결함에 더 관심을 두고 있다. Still경은 ADHD라는 용어를 사용하지는 않았으나 오늘날 학자들은 그가 기술한 사례들이 오늘날 ADHD 복합형과 가장 일치한다고 평가한다. 아동기의 ADHD 문제가 성인기에도 남아있을 것으로 기술한 최초의 인물이기도 하다. "이러한 과격한 위험성은 차치하고라도, 좀더 심각하고 영구적인 도덕 조절 장애가 있는 아이들은 조만간 자신은 물론 가족에게도 사회적 불명예를 불러올 것이다. 발생 가능한 위험을 부모에게 알려주는 것이 옳다고 생각되지만 경험상 이들은 외형상으로는 그다지 심각해 보이지 않는다. 이들이 정상 수준의 도덕 조절 상태에 이르기를 기대하기에는 가능성이 매우 낮다. 아주 어린 시절에는 정성스런 훈련과 환경을 통해 이들이 얼만큼 향상될 수 있을지 미리 알기가 어렵다."

이렇듯 이미 20세기 초에 ADHD 개념이 언급되기 시작하였으나 실제 오늘날의 개념에 가깝게 되기 시작 시작한 것은 1960년대 들어서였다. 그 전까지는 미세뇌기능장애(minimal brain damage or dysfunction(MBD))로 더 많이 알려져 있었다. 세 가지 유형의 연구보고가 늘어나면서 성인 ADHD에 대한 관심도 늘었다. 먼저, MBD 아이들의 장기 추적 관찰에서 이들 문제가 성인기에도 계속 된다는 보고가 늘어났다(Menkes 등 1967). 둘 째, 과잉행동을 보이는 아이들의 부모에 대한 연구가 진행되면서 그들의 부모 역시 비슷한 문제가 있음을 알게 되었다(Morrison과 Stewart, 1973). 세 번째 유형은 충동성, 공격성, 정서불안정, 우울성향 등을 보이는 성인들에 대한 보고이다(Harticollis 1968). 이 무렵 DSM-II(APA 1968)에서 과행동증후군(hyperkinetic syndrome)을 정식 진단으로 채택하였다.

1976년 Wood 등은 성인에서의 중추신경흥분약물의 성능을 처음으로 보고하였다. 11명 중 8명은 메칠페니데이트에 좋은 반응을 보였으나, 15명 중 10 명에서 중추신경흥분제와 항우울제에 모두 비슷한 반응을 보였다. 이 후에도 이러한 약물 연구가 보고되었으나 현재까지도 성인 ADHD 환자에 대한 약물 사용에 대해서는 논란이 있다.

1980년 DSM-III(APA)에서는 주의력결핍장애(attention deficit disorder:

ADD)를 공식진단으로 채택하고 과잉행동증상 여부를 아형으로 분류하였다. 1987년 DSM-III-R(APA)에서는 주의력결핍/과잉행동장애로 진단명이 변경되었다.

DSM-III에서의 진단기준이 성인에게 적절하지 않다는 의견이 나타났다. Wender(1995)는 성인에서 특징적인 일곱 가지 증상을 기술하였다. 즉, 주의력결핍, 과잉행동, 정서불안정, 쉽게 흥분함, 스트레스 역치 손상, 비구조화, 충동성 등이다. 과거 어린 시절의 진단, 주의력결핍과 과잉해동이 현재도 문제가 됨, 나머지 다섯 개 중 두 개 이상에 해당함 등을 성인에서의 ADHD 진단기준으로 제시하면서 Utah 기준이라고 명명하였다.

DSM-IV(APA 1994)와 DSM-IV-TR(APA 2000)에서는 여전히 주의력결핍/과잉행동장애로 진단명을 채택하였고, 성인에 대한 기준을 별도로 제시하지 않았다.

2002년 미국 FDA에서 아토목세틴(atomoxetine)을 소아청소년은 물론 성인 ADHD 치료제로 승인하면서 성인 ADHD에 대한 약물치료는 물론 전반적인 관심이 커지게 되었다(Green 2006).

2. 역학

대부분의 소아정신과 질환은 성인정신과에서 확정된 진단과 치료법을 도입하여 적용하고 있다. 이와 반대로 ADHD는 6-12세 아동에서 확립된 진단체계와 치료방식을 성인 환자에 적용하기 위해 시도하는 경우이다. 따라서 성인 환자에 대한 역학 자료가 불확실할 수 있으며 그 자료도 충분치 못한 형편이다.

국내 연구에서는 유소아에서의 ADHD 유병율을 4-6.1%로 보고하였으며(조수철과 신윤오 1994, 표경식 등 2001), 성인자료는 없다. Anderson 등(1987)과 Bird 등(1988)은 소아 ADHD를 3-5%로 보고 있으며, 이들 중 50-65%가 성인기에도 중요한 잔류증세나 전체 진단기준에 부합한다고 하였다. 즉, 전체 인구의 2-3%가 ADHD에 해당한다고 결론지었다. 성인 ADHD의 유병율 연구를 위해서는 아동기에 진단된 환자군을 성인기까지 추적관찰하는 것이다. 현재로는 4개의 연구에서 아동기 환자군의 50% 이상을 성인기까지 유지 관찰한 자료를 발표하였다. Weiss와 Hechtman(1993)의 몬트리올 연구, Mannuzza 등(1993)의 뉴욕 연구, Rassmussen과 Gillberg(2001)의 스웨덴 연구, Barkley와 Fischer(2002)의 밀워키 연구가 포함된다. Weiss 등(1985)은 소아환자를 25세까지 추적, 약 1/3에서 중등도-심한 정도의 증상이 지속된다고 하였다. Mannuza 등(1993)은 소아기 ADHD의 16년 추적연구에서 20대 중반이 되면 8%만이 ADHD 기준에 부합된다고 보고하였다. 중국에서의 한 장기 추적 연구(Wenwei 1996)에서는 15년 전에 미세뇌기능장애(minimal brain dysfunction)로 진단받은 아동 197명이 성인이 된 후 75%에서 ADHD에 준하는 증상이 지속되고 있다고 하였다. 단, 이들 연구에서의 문제는 아동기의 ADHD 진단기준이 성인기에도 적용될 경우 진단율이 낮아질 수 있음을 간과하였다. 성비 면에서 아동기에는 남녀비가 1.6-8.3:1라고 보고하고 있으나(Szatmari 등 1989), 성인기의 경우 Biederman 등(1993)은 남녀 비를 2:1 정도라고 하였고, 대체로 연령 증가와 더불어 남자 비율이 낮아진다(McGee 등 1990).

실제 인구에서 성인의 5% 정도를 ADHD로 가정하고 숫자를 산출해 볼 수 있다. 미국의 경우 2005년도 총인구 295,507,134명이었고, 그 중 18세 이상은 221,868,077명으로 5%를 계산해보면 11,093,403명이 해당한다(Barkley 등 2008). 우리나라의 경우 2005년도 총인구는

48,782,274명이며, 그 중 20세 이상 인구는 삼천오백만 명 정도이며(통계청 2006), 그 중 5%는 백칠십오만 여명이다.

3. 사례분석

임상에서 만나는 환자들 이외에도 역사 속의 실존 인물 중에 ADHD로 알려지거나 추정되는 인물들이 많다. 그 중 한 인물로 '위대한 개츠비'의 저자인 피츠제랄드(Francis Scott Key Fitzgerald)의 생애를 조명해 본다(Curnutt 2004).

그는 1896년 9월 24일 미네소타 주 생폴에서 출생하였으며, 13세였던 1909년 '레이먼드저당의 신비(The mystery of the Raymond Mortgage)'를 출판하였다. 뉴욕의 명문 생뽈 아카데미를 졸업하였고, 이후 프린스턴 대학에 진학한다. 1917년 대학을 중퇴하고 소위로 군에 입대하여 알라바마 세리단 캠프에서 근무한다. 당시 무용수였던 Zelda Sayre와 약혼, 파혼을 거듭한다. 1920년 '천국의 이편(This side of paradise)'이 성공을 거둔 뒤 젤다와 결혼한다. 경제적으로 큰 부를 획득한 그는 술과 춤을 즐기는 방탕생활에 접어든다. 1921년 외동딸이 출생한 후에도 이러한 생활은 계속되었고 평생 알코올 중독으로 지내게 된다. 이들 부부는 서로가 술 문제, 외도문제 등으로 불행해진다. 1925년 '위대한 개츠비'로 큰 성공을 거두지만 결혼생활에서는 별 개선된 부분이 없었다. 1924년부터 1931년 사이에는 유럽에 자주 여행을 다닌다.

부인 젤다는 1930년 4월 신경쇠약으로 스위스 프랭지스 클리닉에 입원하여 1931년 9월까지 머물게 된다. 1932년에는 존스홉킨스 병원에서 치료를 받기 시작하였고, 1936년 하이랜드 병원에 입원하여 계속 머물렀으며, 1948년 병원의 화재로 사망한다.

피츠제랄드는 계속 작품을 발표하며 영화제작에도 관여하고 숱한 여자들과 염문을 뿌린다. 빚은 늘어나고 경제적 압박에 시달린다. 폐결핵에 걸리기도 하고 자동차 사고로 골절상을 입기도 하고, 한때는 우울증에 시달리다 권총 자살을 시도하기도 한다. 1937년부터 1940년 12월 4일 사망할 때까지는 영화평론가인 Sheilah Graham의 집에서 기거하였으며 심장마비로 44세에 사망하였다.

그는 문학적인 소양 면에서는 뛰어난 작가였음에 틀림없다. 하지만 젊은 시절 충동적 행동은 나이가 들어서도 계속되며, 상당한 과잉행동을 보였다. 성인 ADHD 환자들처럼 술과 같은 물질남용에 빠지게 되고, 우울증에 걸리기도 한다. 결혼생활에서도 행복하지 못했으며 가정적으로도 불행하였다.

4. 성인 ADHD의 긍정적 측면

ADHD 진단이 내려진 성인에 대해 부정적 시각만 있는 것은 아니다. ADHD에 대한 개념 해석은 보는 시각에 따라 달라진다. 특히 수많은 자조(self-help) 관련 서적에서는 긍정적 측면을 강조한다(Kelly와 Ramundo 2006). (이와 같이 긍정적 평가를 위해 이번 단락에서는 ADHD 진단받은 성인을 환자라는 호칭 대신에 '힘찬씨'로 지칭하겠다.)

예를 들어 ADHD의 삼 대 증상인 주의력결핍, 충동성, 과잉행동에 대해 다른 해석을 할 수 있다. 주의력결핍이란 부적절한 주의력을 가지고 있다고 볼 수도 있겠으나 한편으로는 과제의 강도와 힘찬씨의 주의력 강도가 다를 뿐이다. 주의력이 떨어지는 것이 힘찬씨의 열정이 부족한 것은 아니다. 충동성 경우도 힘찬씨의 일상에서 많은 갈등의 원인이 되겠으나, 오히려 매일 반복되는 일상, 인간관계, 행동 양상에서 벗어나 새로운 영역으로 진출하고 변화를 꾀할 수 있는 원동력이 될 수도 있다. 과잉행동의 경우 에너지 사용 방식의 문제이지 과다한 에너지가 문제가 아니다. 성장 과정에서 과잉행동이 힘찬씨 자신에게 부정적 요소라고 세뇌된 것이지, 넘치는 에너지 자체를 힘찬씨 자신을 위해 제대로 사용할 경우 훌륭한 자원이 된다.

ADHD의 문제를 힘찬씨의 타고난 재능으로 묘사하고 구체적으로 기술하는 경우도 있다(Honos-Webb 2008). 크게 보면 발명성, 적응성, 창조성이다. 세세하게 나누면 다섯 가지 재능으로 분류된다. 먼저 멍하게 앉아서 몽상을 즐기는 것은 창조성으로 연결될 수 있다. 둘째, 선구자 정신이다. 어른이 되면 어린 시절보다 훨씬 자유롭다. 새로운 영역으로 과감하게 뛰어들 수 있다. 셋째, 대인관계에서의 직관이 남들보다 뛰어나다. 넷째, 과잉행동을 넘치는 에너지로 받아들이면 활기찬 사람으로 변신이 가능하다. 다섯째, 통제가 힘든 정서적 분출 특성은 그만큼 정서적으로 민감함을 의미하며, 정서적, 감정적으로 풍부한 인격 가능성을 시사한다.

Weiss(2005)는 구체적으로 29개의 장점에 대해 열거하였다. 이들 중에는 받아들이기 어려운 혹은 납득하기 곤란한 부분도 있으나 긍정적 측면으로 보면 힘찬씨를 그렇게 장점이 많은 유능한 인물로 볼 수 있음에 놀란다. 다음과 같이 열거할 수 있다. 즉, 민감함, 남들의 기분을 공감, 상황을 깊게 받아들임, (문제해결에) 창의적임, 창조적임, 시각이 독특함, 잃어버린 물건 찾는데 귀신, 정확하게 받아들임, 웃김, 자발성, 재미있음, 활동적임, 터놓고 지냄, 인정받기를 원하고 그를 위해 노력함, 긍정적 강화에 반응함, 화내는 것에 개의치 않음, 하고 싶은 것을 빨리 함, 잘 속지 않음, 겉만 보고 사람이나 상황을 판단하지 않음, 속 편하게 살기를 추구함, 남과 잘 어울림, 사물과 사람 사이의 독특한 관계를 알아 냄, 팔방미인, 틀에 박히지 않음, (유머 감각이 있는) 독창성, 관찰력, 의리가 있음, 관심분야에 열정적임, 해야 하는 일보다 하고 싶은 일을 더 많이 하기 때문에 최선을 다함, 등이다.

ADHD 진단이 나오기 이전에 살았던 유명인사 중 ADHD가 의심될 만한 몇몇 인물을 꼽아본다면 다음과 같다. 토마스 에디슨, 윈스턴 처칠, 벤자민 프랭크린 등도 성장 과정에서 주의력결핍, 충동성, 과잉행동 등으로 학교나 친구관계 적응에서 많은 갈등을 겪었다. 이 외에도 수많은 유명인들이 비슷한 문제로 힘들었으나 오히려 ADHD 특성을 유용하게 사용하여 성공의 원동력으로 삼았을 것으로 보인다.

이렇듯 긍정적 측면을 강화시키고 자조활동을 위한 웹사이트가 많지만 대표적인 것은 다음과 같다(Adler 2006).

가장 유명한 비영리단체인 chadd.org(CHADD: children and adults with attention-deficit/hyperactivity disorder), add.org, 여성 힘찬이를 위한 ADDvance.com(Patricia O Quinn, MD, Kathleen Nadeau PhD가 운영하는 여성용 사이트), SariSolden.com 등이 있다.

제2장
성인주의력결핍/과잉행동장애의 생물학

일반적으로 성인 ADHD는 소아의 ADHD가 성인기까지 지속되는 것으로 알려져 있다. 따라서 발병 요인도 소아 ADHD와 크게 다르지 않다. 아동 ADHD의 정확한 발병 원인은 아직 명확하게 밝혀져 있지 않지만, 뇌의 신경생물학적 이상이 주된 원인으로 보고되고 있다. 이 외에도 부적절한 양육, 생애 초기 경험의 중요성, 사회경제적 여건의 중요성 등이 논의되어 왔지만, 흔히 생각하는 것과는 달리 이런 사회심리학적 요인에 질병의 발생에 미치는 정도는 미미한 것으로 생각된다.

따라서, 이 장에서는 ADHD의 생물학적인 원인론에 대한 전반적인 내용을 중심으로 기술하였다.

1. ADHD 발병과 연관된 생물학적 증거들

1) 원인

일반적으로 성인 ADHD는 소아의 ADHD가 성인기까지 지속되는 것으로 알려져 있다. 따라서 발병 요인도 소아 ADHD와 다르지 않다. 아동 ADHD의 정확한 발병 원인은 아직 명확하게 밝혀져 있지 않지만, 뇌의 신경생물학적 이상이 주된 원인으로 보고되고 있다. 이외에도 부적절한 양육, 생애 초기 경험의 중요성, 사회경제적 여건의 중요성 등이 논의되어 왔지만, 흔히 생각하는 것과는 달리 이런 사회심리학적 요인에 질병의 발생에 미치는 정도는 미미한 것으로 생각된다.

(1) 유전

가계도 연구

가족 연구

ADHD가 유전적인 소인이 중요함으로 시사하는 가장 중요한 소견 중 하나는 ADHD 아동의 가족에서 분명히 ADHD가 많이 발견된다는 사실이다. 가계도 연구를 살펴보면, ADHD 아동의 가족들 가운데 ADHD, 우울장애, 품행장애, 약물남용이 높은 빈도로 관찰된다. 특히 ADHD의 형제에서 ADHD가 나타날 가능성은 대략 30~35% 정도(일반 인구에서의 6~8배) 되며, 부모가 ADHD인 경우에 그 자녀가 ADHD일 경우는 57%이다(Biederman 등 1995). 또한 가족력이 있을 경우에 그렇지 않을 경우에 비해 상대위험도는 성별 및 인종 간에도 차이가 없다(Faraone 등 2000, Samuel 등 1999).

입양 연구

입양 연구는 질병이 유전적 원인에 의해 발생하는지 아니면 환경적 원인에 의해 발생하는지를 판단하는데 매우 유용한 연구방법이다. 입양된ADHD 아동들을 대상으로 한 입양 연구 결과를 보면, ADHD 아동의 친부모와 형제에서 일반 인구에 비해 유의하게 높은 ADHD유병률과 주의력의 문제를 보인 반면, ADHD 아동의 양부모와 형제에서는 일반 인구의 유병률과 차이를 보이지 않았다(Sprich 등 2000). 이러한 연구 결과는 ADHD가 환경적 요인보다는 유전적 요인에 의해 발병한다는 사실을 지지한다.

쌍생아 연구

Spencer 등(2007)의 연구 결과를 보면, 유전자의 일치 가능성이 형제와 동일한 이란성 쌍생아의 경우에 약 31~38%에서 ADHD진단의 일치율을 보인 반면, 유전자가 동일한 일란성 쌍생아는 약 77%의 일치율을 보였다(Spencer 등 2007). 이를 통해, ADHD에서 유전적 요인의 중요성을 다시 확인할 수 있다. 하지만 한편으로는 일란성 쌍생아에서 일치율이 100%에는 미치지 못함을 볼 때, 환경적인 요인도 일부 작용함을 알 수 있다.

분자유전학 연구

ADHD 증상의 원인이 되는 유전자에는 어떤 것이 있을까? 수많은 연구 결과가 보고되어 왔지만, 아직까지 특정 유전자와의 연관성에 대해 단정적으로 말하기는 힘들다. 처음에 ADHD, 뚜렛장애, 알코올 중독과 관련이 있는 유전자로서, 도파민2형(dopamine type2) 유전자가 제시되었지만, 이 후 다른 연구들에서 증명되지는 못했다. 지금까지 가장 많이 연구가 이루어진 유전자에는 DAT1, DRD4 두 가지가 있다. 도파민 전달 유전자(dopamine transporter gene, DAT1)의 경우 Cook 등에 의해 제시되었지만, 다른 연구에서는 동일한 연관성이 증명되지 않았다(Cook 등 1995). 도파민 4번 수용체 유전자(dopamine D4 receptor gene, DRD4)의 경우 11번 염색체(11p15.5)에 위치하며 48 염기쌍의 DNA 서열 48 base-pair DNA sequence를 갖는다. DRD4 유전자의 염기 서열은 일반인에서 3~9번 반복되는 반면(Van Tol 등 1992), ADHD 환자에서는 7번 반복 변형을 보이는 것으로 알려져 있다(LaHoste 등 1996). 하지만 ADHD와 DRD4와의 연관성에 대한 연구 결과는 항상 일치하지 않기 때문에, 앞으로도 지속적인 연구가 필요하다.

보다 광범위한 부위의 유전체를 조사하기 위해 유전자 인간 유전체 스캔(genome scan) 연구도 진행되고 있다. 일부 연구 결과를 보면, 염색체의 16p13, 17p11 부분에 이 질병의 원인이 되는 유전자들이 위치할 가능성이 있음이 시사되었다(Ogdie 등 2003). 이 외에도 DRD4, DRD5, DAT, DBH, 5-HTT, HTR1B, SNAP-25와 같은 7개의 후보 유전자들이 ADHD와 유의한 관련성을 보인다는 보고도 있다(Faraone 등 2005).

(2) 신경학적 요인

ADHD와 연관이 있는 신경계는 도파민과 노르에피네프린 시스템이다. 그 동안의 신경생물학, 뇌영상 연구, 신경심리학 연구들을 통해 전두엽 기능과 전두엽-피질하 구조물의 구조 및 기능적 이상이ADHD의 병태생리와 관련 있는 것으로 밝혀졌다(Biederman 2005). 전두엽 중에서도 특히 전전두엽(prefrontal lobe)이 가장 주목을 받고 있는데, 이는 이 부위에서 주의력을 유지할 뿐 아니라, 감정을 억제하고 동기를 조절하며 행동을 조직하는 등의 능력을 수행하기 때문이다.

신경생물학적 연구 결과

신경생리학 연구

ADHD 아동의 뇌기능을 평가할 수 있는 가장 손쉬운 방법 중 하나는 뇌파 연구이다. 여기에는 정량화 뇌파검사(quantitative electroencephalogram, QEEG)와 유발전위검사(event-related potential, ERP)가 있다.

이제까지의 뇌파 연구 결과를 보면, 소아와 성인에서 그 양상이 약간 다르다. 뇌파 연구의 결과를 보면, 성인 ADHD 군에서는 alpha와 theta파가 크게 증가한 반면 beta파는 대조군과 차이를 보이지 않았다(Koehler 등 2008). 이와는 달리, 소아에서는 서파(delta, theta)가 증가하고 alpha와 beta파는 대조군에 비해 감소하는 양상을 보였다. 이러한 차이는 성인 ADHD와 소아 ADHD의 차이에서 기인한 것인지 아니면, 연령에 따른 일반적인 뇌파의 차이에서 기인한 것인지는 명확하지 않다.

소아에 비해 성인ADHD에서는 ERP 연구가 거의 이루어지지 않았다. 최근 보고된 Go/ NoGo 과제를 이용한 ERP 연구 결과를 살펴보면, 성인 ADHD군에서는 N1, N2가 유의한 증가를 보였고 P300은 감소했다. 이 결과는 성인 ADHD 환자들이 그들의 주의력 장해를 보상하고 일반인과 같은 결과를 성취하기 위해 보상적으로 더 강하게 집중하는 방식을 사용하고 있음을 시사하는 소견이다(Prox 등 2007). 이와는 달리, 소아 ADHD를 대상으로 실시한 같은 실험 결과를 살펴보면, ADHD아동에서 오히려 N2가 감소했다. 이는 정지 신호에 대한 반응으로 일어나야 할 행동 억제가 적절히 일어나지 못했음을 시사한다

(Dimoska 등 2003). 이처럼 뇌파를 이용한 연구 결과가 소아와 성인에서 서로 다른 양상을 보이고 있어, 성인 ADHD의 신경생물학적인 병인을 찾기 위해서는 향후 보다 심도 있는 추가적인 연구가 필요하다.

이외에는 자율신경계에 대한 연구들도 많이 수행되었는데 대체로 ADHD군에서 각성도가 저하된 소견이 관찰되었다.

뇌영상 연구

아동이나 청소년 ADHD의 뇌 영상 연구 결과는 매우 풍부하다. 이에 비해 성인 ADHD는 상대적으로 최근에 연구가 시작되어 자료가 부족한 것은 물론, 결과도 일관성이 부족한 편이다. 하지만 전반적으로 살펴보면, 성인과 소아 ADHD 뇌영상 결과는 거의 유사한 결과를 보인다(Biederman 2005, Schneider 등 2006). 따라서 여기에서는 아동 ADHD를 대상으로 실시한 연구 결과를 중심으로 소개할 예정이다.

전산화단층촬영(computerized tomography, CT)나 자기공명영상(magnetic resonance image, MRI)와 같은 구조적 영상 연구 결과를 살펴보면, 정상군과는 다른 ADHD환자군의 뇌 이상 소견이 보고되고 있다. 그 중 가장 흔히 발견되는 것은 전두엽, 소뇌, 그리고 피질 하 구조물들의 부피 감소이다(Biederman 2005).

이외에도 뇌의 기능을 조사할 수 있는 기능적 MRI, 양성자방출단층촬영(positron emission tomography, PET), 단일광자방출단층촬영(single photon emission tomography, SPECT) 등을 이용한 기능적 뇌영상 연구들도 지속적으로 이루어져 왔다. 뇌영상 연구의 대상이 되는 피질 하 구조물에는 미상핵, 조가비핵(putamen), 창백핵(globus pallidus) 등이 있는데, 이들은 운동 조절, 실행 기능, 행동의 억제 및 보상을 조절하는 신경 회로를 구성하는 구조물들이다. 이 전두엽—줄무늬체—창백핵—

시상 회로는 피질에 피드백 작용을 하여 결과적으로 행동을 조절하는 역할을 하는 것으로 알려져 있다(Alexander 등 1986).

ADHD와 관련된 전두엽—피질하 시스템 경로에는 카테콜아민이 풍부한데, ADHD의 치료에 쓰이는 약물이 이와 관련이 깊다. 메칠페니데이트(methylphenidate)와 같은 각성제는 도파민 수송체를 억제하고 도파민과 노르에피네프린이 시냅스 전의 신경세포 안으로 재흡수 되는 것을 막음으로써, 신경세포 밖의 공간으로 배출되는 신경전달물질의 양을 늘려 ADHD의 증상을 감소시킨다(Elia 등 1990). 이렇게 도파민, 노르에피네프린 경로에 작용하는 약물은 피질 하 구조물에 대한 전두엽의 억제 기능을 향상시킨다(Zametkin과 Rapoport 1987).

이외에도 뇌영상 연구를 통해 소뇌와 뇌량도 ADHD의 병태생리에 관여함을 확인되고 있다. 소뇌는 인지적 기능에 유의하게 기여하는데, 뇌교와 시상을 포함한 소뇌—피질 경로를 통해서일 것으로 추정된다. 뇌량의 이상과 대뇌 피질을 구성하는 신경세포 수량의 이상이 두 반구간 연결을 감소시켜 ADHD에서 인지적, 행동적 증상의 원인이 될 수도 있다(Castellanos 등 2002).

신경생화학적 연구 결과들

앞에서도 언급했듯이 ADHD환자 치료에 사용하는 약물이 노르에피네프린이나 도파민의 재흡수 수용체에 작용하여 치료 효과를 나타낸다. 이는 노르에피네프린이나 도파민과 같은 신경전달물질의 부족이나 불균형이 ADHD의 주요 원인 중 하나임을 시사하는 증거이다.

임신 및 출산 합병증 혹은 독성 물질

그 동안 몇 가지 추가적인 생물학적 요인이 ADHD의 요인으로 제기되어 왔는데, 여기에는 음식 첨가물, 특정 식이습관, 납 중독, 술과 담배 연기에 노출, 임신 중 산모의 흡연, 저 체중 등이 속한다(Biederman 2005).

하지만 추후 연구를 통해 음식 첨가물은 ADHD과 관련성이 없는 것으로 밝혀졌다(Conners 1980). 납 중독의 경우에는 몇몇 연구에서 주의산만함, 과활동성, 안절부절못함, 그리고 낮은 지적 기능을 유발할 수 있다고 보고하였다. 하지만 납 중독이 원인일 가능성은 다소 떨어지는데, 이는 중독된 아동 대부분이 ADHD 증상을 보이지 않는다는 점과 ADHD아동 중 대다수에서 납의 농도가 높게 관찰되지 않기 때문이다.

임신과 분만 중의 합병증(임신 중독증, 자간증, 산모의 건강 문제, 산모 나이, 태아 과숙, 출산 소요시간, 저체중, 출산 전의 출혈 등)들이 ADHD의 위험요인으로 추정된다. 산모가 흡연을 하게 되면, 니코틴 수용체 자극이 되어 도파민의 활성도에 영향을 미치고, 이러한 도파민 활성도 변화가 ADHD의 발병 원인으로 작용할 수도 있다. 동물 연구 결과, 임신 중 산모의 니코틴 섭취로 인한 태아의 만성적인 노출과 태아에서 과활동성 발생의 관련성이 입증되었다(Richardson과 Day 1994). 이 외에도 사람을 대상으로 한 연구에서도 산모 흡연이 ADHD의 위험인자임이 보고되었다(Mick 등 2002).

2. 소아 ADHD가 성인 ADHD로 이어지는 것과 관련된 요인들

초기 연구에 있어서는 ADHD아동이 나이가 들면 괜찮아질 것이라고 단순히 생각했었다. 하지만 청소년기에는 25%, 성인기에는 30%만이 대조군과 유의한 차이를 보이지 않았고 그 나머지는 청소년, 성인이 되어서도 증상을 보이는 것으로 나타났다(Weiss와 Hechtman 1993). 이처럼 성인기까지 ADHD가 지속되게 하는 예측인자를 살펴보면, ADHD의 가족력 여부, 정신과적 동반질환(특히 공격성이나 비행)의 여부, 그리고 사회심리학적 요인 등이 거론되고 있다(Biederman 2005).

하지만, 어떤 생물학적 요인이 성인 ADHD까지 이르게 하는지에 대해서는 잘 밝혀져 있지 않다.

제3장
성인 ADHD의 진단

실은 우리 모두는 어느 정도의 부주의함이나 충동성을 가지고 있다. 따라서 자신이 겪는 어려움이 ADHD때문인지 아닌지 확인하는 것은 쉽지 않다. 보통의 진단 과정은 자신이 증상을 겪거나 다른 동반되는 문제 때문에 병원을 방문하는 것으로 시작하게 된다. 사춘기가 지나더라도 ADHD 증상이 남아 있는 사람이 꽤 된다는 것은 (Barkley 등 2002, Fischer 등 2002) 이 책에서 이미 언급 한 바가 있다. ADHD는 임상 진단이기 때문에 아직 특별한 검사에 의해 진단이 내려지는 것은 아니다. 가장 중요한 세가지 진단의 방법은 면담, 의학적 검사, 행동 평가척도의 평가라고 할 수 있는데 그 중에서 면담이 가장 중요하다(Barkley 2006). 아동의 경우 부모와의 면담이 객관적인 증상 평가의 중요한 축인데, 성인의 경우 이와 같은 부모와의 면담이 불가능 하거나, 부모의 기억이 왜곡되어 있거나, 내원한 성인과 다른 내용을 보고하기도 한다. 발달력과 개인의 성장력을 확인하고, 증상의 유무에 있어 우선 자신에 대한 증상 평가, 소아기의 증상을 회상하여 기억하여 증상을 잰 척도의 응답, 타인의 기억에 따른 현재와, 소아기의 증상에 대한 척도 등을 통하여 확인 할 수 있다. 성인 진단 시의 필수 점검 항목으로는 "1. 어린 시절부터 증상이 있었는가? 2. 현재 다양한 영역에서 어려움을 겪는가? 3. ADHD보다 다른 일로 설명이 더 잘 되는가? 4. 동반질환이 있는가?" 라 할 수 있다.

1. 진단기준

우선 현재까지 일반적으로 통용되고 있는 ADHD의 진단 기준은 다음과 같다(APA 2000).

주의력 결핍-과잉행동장애의 진단기준(미국정신의학회 1994, 2000)

다음과 같은 증상이 발달 수준에 맞지 않고, 부적응하게 6개월 이상 지속 될 때

(1) 항목 9개 중 6개 이상 혹은 (2) 항목 9개중 6개 이상

(1) 주의산만 증상들 (6개 이상)

1. 학업, 일, 기타 활동 중 세심한 주의를 기울이지 못하거나, 부주의한 실수를 자주 한다.
2. 과제 수행이나 놀이 중 지속적인 주의집중에 어려움을 자주 갖는다.
3. 대놓고 이야기하는데도 듣지 않는 것처럼 보일 때가 자주 있다.
4. 지시를 따라오지 않고, 학업이나 심부름을 끝내지 못하는 수가 자주 있다(반항적이거나 혹은 지시를 이해하지 못해서가 아니다.)
5. 과제나 활동을 체계적으로 조직하는 것에 곤란을 자주 겪는다.

6. 지속적으로 정신을 쏟아야 하는 일을 자주 피하거나, 싫어하거나, 혹은 거부한다.
7. 과제나 활동에 필요한 것을 자주 잃어버린다. (예, 숙제, 연필, 책 등)
8. 외부에서 자극이 오면 쉽게 주의가 산만해진다.
9. 일상적인 일을 자주 잊어버린다.

(2) 과잉행동(1~6)/충동성(7~9) 증상들(6개 이상)

1. 손발을 가만히 두지 않거나 자리에서 꼬무락거린다.
2. 가만히 앉아있어야 하는 교실이나 기타 상황에서 돌아다닌다.
3. 적절하지 않은 상황에서 지나치게 달리거나, 혹은 기어오른다. (청소년이나 성인은 안절부절함의 기분만을 갖기도 한다.)
4. 조용하게 놀거나 레저활동을 하지 못하는 수가 많다.
5. "쉴 사이 없이 행동하거나" 혹은 마치 "모터가 달린 것같이" 행동한다.
6. 자주 지나치게 말을 많이 한다.
7. 질문이 끝나기도 전에 대답해 버리는 수가 많다.
8. 차례를 기다리는 것이 어렵다.
9. 다른 사람에게 무턱대고 끼어든다. (예, 말참견)

단서조항 : 7세 이전에 증상이 나타나야 한다.
적어도 2군데 이상(예, 학교와 가정)에서 이 증상 때문에 문제를 가져야 한다.
사회활동, 학업, 직업수행에서 임상적으로 중대한 결함의 증거가 있어야 한다.

배제 조항 : 전반적 발달장애(자폐증), 정신분열병의 경과 중이거나 혹은 기분애, 불안장애, 해리장애, 인격장애의 기준에 부합하지 않을 것.

이를 세분하면 세가지 유형이 있다. 이를 성인기를 기준으로 풀어서 설명하면 다음과 같다.

(1) 부주의형(주의력-결핍 우세형)ADHD: 사회적으로 위축되는 경향

이 있다. 발달력상 자신감이 없고 동기가 부족하다. 행동이 느리고 과제 수행 속도가 느렸다. 학습부진 또는 학습장애였을 가능성이 있다. 일에 적응하는 기간이 길고 업무 속도가 느리다. (2) 충동형(과잉행동- 충동형 우세형)ADHD: 행동의 문제를 더 많이 가지고 있어 발달력상 부모나 교사가 힘들다고 보고하고 또래나 형제들로부터 인기가 적고 싸움이 잦고 이직률이 높다. (3) ADHD(주의력 결핍 및 과잉행동장애, 복합형): 증상의 종류가 다양하고 많다. 파괴적인 행동과 내재화 장애를 동시에 갖고 있다. 발달력상 학업 및 과제 수행의 성취도가 낮으며 부모가 키우기 힘들어 하였을 가능성이 있다. 충동적으로 행동하면서도 맡은 업무를 꾸준히 수행하기 어렵다.

이 진단 기준을 살펴보면, 대부분 소아기에 일어날 수 있는 일을 기준으로 하였고 성인기의 일상생활이나 직업상의 어려움 등에 대하여 정의되지 않아 진단상의 애로 점이 있어 현재 성인 ADHD의 진단기준에 대한 논의가 진행중인 상태이다(Biederman 등 1993). 서론에서 언급한 대로 1980년 DSM-III(APA)에서는 주의력결핍장애(attention deficit disorder: ADD)를 공식진단으로 채택하고 과잉행동증상 여부를 아형으로 분류하였고 1987년 DSM-III-R(APA)에서는 주의력결핍/과잉행동장애로 진단명이 변경되었으나 이에서 언급된 '주의'의 진단기준이 성인에게 적절하지 않다는 의견이 나타났다. 그러나 DSM-IV(APA 1994)와 DSM-IV-TR(APA 2000)에서는 여전히 주의력결핍/과잉행동장애로 진단명을 채택하였고, 성인에 대한 기준을 별도로 제시하지 않았다. 서론에서 언급한 대로 Wender(Wender 1995)는 성인에서 특징적인 일곱 가지 증상을 기술하였다. 즉, 주의력결핍, 과잉행동, 정서불안정, 쉽게 흥분함, 스트레스 역치 낮음, 비구조화, 충동성 등이다.

과거 어린 시절의 진단, 주의력결핍과 과잉행동이 현재도 문제가 됨, 나머지 다섯 개 중 두 개 이상에 해당함 등을 성인에서의 ADHD 진단기준으로 제시하면서 Utah 기준이라고 명명하였다.

진단기준을 정하기 위하여 혹은 증상을 가늠하기 위하여 성인기의 ADHD 증상을 파악하기 위한 설문지도 다양하게 개발되어 왔다 (Murphy와 Schachar 2000). 또한 여러 가지의 체크 리스트가 존재하긴 하지만(Adler 등 2003), 자기 자신이 얼마나 중등도로 생각하는 가에 따라서 결과가 상이하게 된다. 할 수 있다. 체크 리스트는 자기가 좋아하는 일에 대하여만 집중 하기를 좋아하는 특징이 있기 때문에 "주의/집중"에 있어 상이하게 대답 할 수 있다. 또한 하나의 일에 너무 몰두하면 나머지는 보이지 않는 경우에 있어 "지나친 집중"의 문제를 응답자가 알아채기 쉽지 않다. 자신의 행동 수준이 "과잉행동"인지 "과소행동"인지 "안절부절못함"인지 알기 어려운 면도 간과해서는 안 된다. 지나친 "예민성(감정의 기복, 민감성)"을 스스로 알아채기도 어렵다. 시간이나 내용, 서류 업무나 해야 할 일은 나누는 것도 어렵다는 인식이 없기도 하다. 기질에 대하여 스스로 평가하는 것도 쉽지 않다.

아동기의 진단과 달리 성인기에 고려할 점을 정리해보면 다음과 같다(Barkley 2006).

- 성인 ADHD의 진단은 어릴적 정보를 기초로 한다.
- 동반되는 심리사회적 어려움을 많이 갖고 있다
- 청소년기나 초기 성인기에 발병하는 정신 질환들이나 조울증과 혼동하기 쉽다(Barkley 2006, Biederman 등 1987).
- 비슷한 증상을 보이는 의학적 질환을 갖기 쉽다.
- 살아오면서 다양한 스트레스나 외상을 경험했을 수 있다.

- 능력의 손실 정도를 가늠하는 것이 어렵다.
- 응답자의 기억이 왜곡될 수 있다.
- 성인기의 ADHD가 소아기에 진단 된 것보다 더 나은 적응을 보이므로 예후가 좋은 것일 수 있다.
- 부주의형의 경우 외부적으로 드러나는 증상이 적어 인지하기 어렵다.
- 물질 남용/의존과 ADHD의 동반으로 인하여 선후관계를 증빙하기 어렵다.

2. 진단 시 필요한 정보

진단에 가장 필수적인 면담과 부가적인 설문지를 통하여 평가하는 항목(Barkley와 Murphy 2006)은 다음과 같이 포괄적이어야 한다.

(1) 우선 발달력을 보면 임신 중의 산모의 상태, 출산시의 문제점, 술이나 다른 약물의 임신중의 노출, 발달력상의 지연, 소아기의 심한 질환력, 사회성의 발달, 성격상의 편향 등을 확인한다.

(2) 직장에서의 성취를 보면, 현재 직업 유무, 현재의 직장, 직장에서의 업무 정도, 현재 직업의 연속성, 과거에 직장을 옮겼다면 직장 명과 그 업무, 그리고 근무기간, 그만둔 이유를 확인한다. 가장 오래 근무한 직장을 확인하고, 혹시 해고 되지 않았는지 그랬다면 어떤 이유에서인지를 살핀다. 군 복무를 했었다면 어떠했는지 묻게 된다. 현재나 과거의 업무에서 어떤 점이 힘들었는지 확인한다.

(3) 건강에 대한 기본적인 확인, 알레르기나 천식, 심장, 경련성 질

환, 고혈압, 두부손상, 의식을 잃을 정도의 상해, 납중독, 골절, 수술력, 편두통, 갑상선 질환, 시각이나 청력의 이상, 당뇨, 그 외의 질환력과 함께 복용하는 약물을 확인하게 된다.

(4) 사회적 관계에 대하여는 대부분의 시간에 해당되는 기분을 확인하고, 기분이 변덕스럽거나 갑자기, 그리고 예상하기 어렵게 변하는 지를 보고, 친구를 만들거나 친구 관계를 지속하는 데에 어려움이 있는지 확인하고 타인과 관계를 유지하는 것에 어느 정도 자신이 있는지 확인한다. 기질상 욱하는 것 때문에 문제가 되지는 않는지를 살피고, 운전을 한다면 운전 면허 정지나 취소를 당한 적이 있는지 묻기도 한다. 속도위반이나 신호위반, 혹은 음주운전으로 걸린 일이 어느 정도나 자주 있는지를 확인한다. 실수건 아니건 간에 차 사고를 경험한 횟수, 자주 이사한 경우라면 어느 정도인지, 고등학교 졸업 이후 얼마나 자주 이사했는지, ADHD라면 증상이 어느 정도나 사회적 관계에 어려움을 초래하는 지, 그리고 그 어려움을 어떻게 보상해 가고 있었는지 묻게 된다.

(5) 현재의 증상을 보면, 일에 있어 구체적인 지시나 부주의한 실수에 대한 부주의가 반복되는지, 자리에 앉아 손을 계속 만지작거리거나 다리를 떠는지, 일이나 여가에서 주의를 지속하기 어려운지, 앉아서 일을 해야 하는데도 자리를 이탈하는지, 자신에게 말하는 데도 제대로 듣지 못 하는 것, 안절부절못함을 느끼는 것, 지시에 따르거나 일을 끝내는 것이 어려운지, 여가 활동에 참여하거나 조용하게 즐기기 어려운지, 일이나 활동을 조직화 하기 어려운지, "마구 활동"하거나 "모터가 달린 것처럼" 느끼는지, 지속적으로 머리를 써야 하는 일을 피하거나 싫

어하거나 안 하려고 하는지, 지나치게 말이 많은지, 업무나 활동에 있어 자주 물건을 분실하는지, 질문에 답하다가 옆길로 새는지, 쉽게 딴생각을 하는지, 차례를 기다리기 어려운지, 일상생활에 깜박하는 일이 많은 지, 다른 사람이 하는 것에 끼어들거나 참견하는지를 본다. 이를 바탕으로 이러한 문제점이 가족이나 업무, 타인, 사회활동, 학업, 결혼, 돈 관리, 자동차나 오토바이면허, 레저활동, 일상적인 책임을 다 하는데 어느 정도 영향을 미치는지 확인한다. 행동 통제가 어느 정도 되는지를 확인한다.

(6) 어린 시절의 증상 확인도 필수적인데 앞서 언급한 소아기의 진단기준 18개의 항목을 과거를 회상하면서 답하게 한다. 그리고 그 증상들이 가족이나 업무, 타인, 사회활동, 학업, 친구관계, 레저활동, 일상적인 책임을 다 하는데 어느 정도 영향을 미치는지 확인한다. 이로 인한 문제의 정도를 확인한다. 품행장애 증상이 있었는지도 확인하게 된다. 이와 같이 광범위한 질문을 가장 가까이 지냈던 가족이나 친지에게도 확인하게 된다.

(7) 직장에서의 증상을 위와 동일 한 순서로 묻게 되는데 다시 말하자면 일에 있어 구체적인 지시나 부주의한 실수에 대한 부주의가 반목되는지, 자리에 앉아 손을 계속 만지작거리거나 다리를 떠는지, 일에서 주의를 지속하기 어려운지, 앉아서 일을 해야 하는데도 자리를 이탈하는지, 자신에게 말하는 데도 제대로 듣지 못 하는 것, 안절부절못함을 느끼는 것, 지시에 따르거나 일을 끝내는 것이 어려운지, 여가활동에 참여하거나 조용하게 즐기기 어려운지, 일이나 활동을 조직화 하기 어려운지, "마구 활동"하거나 "모터가 달린 것처럼" 느끼는지, 지속적으로 머리를

써야 하는 일을 피하거나 싫어하거나 안 하려고 하는지, 지나치게 말이 많은지, 업무나 활동에 있어 자주 물건을 분실하는지, 질문에 답하다가 옆길로 새는지, 쉽게 딴생각을 하는지, 차례를 기다리기 어려운지, 일상생활에 깜박하는 일이 많은 지, 다른 사람이 하는 것에 끼어들거나 참견하는지를 본다.

3. 임상심리검사

면담과 설문 이외에 진단이나 치료 경과를 확인하는 데 도움이 되는 것은 임상심리검사이다. 간혹 임상심리검사로 모든 진단을 내릴 수 있다는 마술적인 생각을 갖고 외래 진료실을 방문하기도 하지만 임상심리검사 단독으로는 진단을 할 수는 없다. 따라서 심리검사는 진단에 필수적인 것은 아니나 기본적인 잠재력이나 현재 상태를 객관적인 점수로 환산하여 진단에 정보를 더 할 수 있고, 치료 반응을 보는데도 도움이 된다.

(1) 각성도나 주의집중력을 실험실에서 측정하는 가장 흔한 방법으로 지속수행검사를 들 수 있다. 가장 보편적인 것이 컴퓨터를 이용하여 어떤 특정한 기호, 숫자, 문자 등을 빠른 속도로 화면에 나타나도록 하면서, 미리 지정된 경우(특정한 자극)에 반응(예를 들면 버튼을 누른다)을 하도록 하여, 정반응수, 반응하지 못 한 자극 수, 목표자극이 아닌 자극에 반응한 수, 반응시간 등을 측정한다. 아직은 표준화된 방법이 부족하고, 정상 규준의 부족 등으로 임상적인 사용의 제한점이 있기는 하다. 고든 진단법(Gordon 1983)을 위시하여 현재 많이 사용중인 토바검사(Greenberg와

Kondschi 1996), 코너스 검사(Conners와 staff 2000) 등을 들 수 있으며, 소아에서 흔히 사용하는 주의력 진단 시스템(ADS)나 대한 소아청소년 정신의학회의 전산화된 주의력 검사 등은 소아청소년에 있어서 규준은 있으나 이 시기에도 진단상의 제약을 갖고 있을 뿐더러 성인기 규준이 없어 사용이 제한적이다.

(2) 웩슬러 지능검사를 통하여 기본적인 능력을 측정하고 이에 따른 주의산만요인을 평가할 수 있다. 그러나 최근에 여러 연구에 따르면 이를 진단에 사용하기에는 다소 논란의 여지가 있다.

(3) 충동조절에 관한 검사에는 지속수행검사의 오 반응 수를 보기도 하고, 같은 그림찾기과제(MMFT)를 하기도 한다. 이는 한 그림과 비슷하게 생긴 그림 6개를 보여주고 그 속에서 같은 그림을 찾는 검사로, 모두 12개의 그림이 있다. 채점은 답하기까지 걸린 시간과 오답의 수를 세는 것이고, 좀 더 나이가 많거나 청소년들에게 신뢰도를 높이기 위하여 20개의 그림으로 구성된 버전도 개발되어 있다. 이 검사는 ADHD 진단에 사용하는데는 문제가 제기되어 왔으나 충동성의 확인에는 도움이 된다고 본다.

(4) 신경심리검사로서 위스콘신 카드 분류 검사가 있는데 성인에서 주의집중의 중추중의 하나로 생각되는 전두엽의 기능 장애를 측정하기 위해 널리 사용된 검사법이다. 여러 가지 색깔의 기하학적 모양, 여러 가지 숫자를 갖는 카드를 제시하고 피검자에게 어떤 특정한 주제(색깔, 숫자, 형태)에 따라 카드를 분류하도록 한다. 그런데 이 검사로서 ADHD를 진단하는 데 논란의 여지가 많아 현재 진단이나 치료 반응의 지표로는 사용되지 않는다. 주의력을 반영하는 다른 신경심리검사로 스트룹검사는 다

른 색깔로 인쇄된 특정 색깔 명(예, 푸른색으로 인쇄된 빨강)을 읽도록 한다. 전두엽 기능 손상 성인에서 민감한 검사로 알려져 왔는데, 최근 ADHD와 정상 군의 구분, 과잉행동형과 그렇지 않는 군의 구분에 이용하여 양군을 구분한다는 보고가 있다.

4. 의학적 검진

면담과 설문, 그리고 임상심리검사와 병행하여 꼭 필요한 것이 의학적 검진이다. 신체검사를 포함한 의학적 평가는 진료 초기를 비롯하여 치료를 시작한다면 매년 시행하는 것이 바람직하다. 물론 기초적으로 시력, 청력 등의 이상 여부를 평가한다. 만일 임상적으로 위험도가 높을 경우 혈중 납 농도측정, 갑상선 기능검사가 포함될 수 있다. 특히 갑상선 기능검사는 갑상선 기능저하 혹은 기능항진, 갑상선 질환의 가족력, 유전적 요인이 강하게 시사되는 경우에 한하여 시행한다. 물론 간질, 유전질환, 기타 관련 질환의 유무를 배제하기 위하여 임상적으로 필요한 경우에는 다양한 혈액 검사, 소변 검사, 뇌파검사, 두부영상검사들, 사건 유발검사, 염색체 및 유전자 검사 등이 시행될 수 있지만 일반적으로는 권고되지 않는다. 여러 다른 질환과 공존하거나, 혹은 증상의 일부로 과잉행동을 나타내는 수가 있으므로, 이와 같은 공존질환의 여부나 감별은 매우 중요하다. ADHD는 매우 공존하는 질병이나 연관된 문제들이 많고, 가장 흔히 감별해야 할 질환이나 상태들은 아래와 같다(홍강의 2005).

ADHD와 감별이 필요한 질환이나 상태

정상적인 외향적 기질
신체적 질환
    갑상선 장애, 갑상선 호르몬 내성 증후군
    약물
신경학적 질환
    대뇌손상(뇌염 후유증, 뇌 좌상, 저산소증, 납중독, 간질)
정신질환
    발달력상 품행장애, 적대적 반항장애, 학습장애, 언어장애, 정신지체, 전반적 발달장애,
    현재 혹은 과거력상 우울증, 조울증, 불안장애, 정신분열증, 기타 정신병이나 신경증
    가정이나 열악한 환경 조건에 의한 결과
    발달력상 아동학대, 부적절하고 혼란스러운 양육 환경이나 양육 방법

결론

이 장의 결론으로는 부주의하거나 충동적인 사람이 모두 ADHD의 진단에 부합하지는 않다는 점이다. 이 질환에 대한 식견이 있으면서 발달력을 평가할 수 있어야 하며, 현재 삶에 미치는 정도를 평가하고 성격특징과 구분하며, 의학적 검진 및 고려를 해야 하는 등의 복합적인 판단이 요구되는 의사의 진단이 필요함을 강조하고자 한다.

제4장 성인 ADHD의 약물치료

아직까지 성인 주의력결핍과잉행동장애의 치료 방법은 전반적으로 아동 및 청소년의 치료 방법과 큰 차이가 없는 것으로 보고되고 있다. 물론 아동기에 비해 행동치료나 부모 교육과 같은 치료 방법을 적용하기에는 무리가 있을 것이다. 또한 다른 비약물적 치료에 대해서는 그 효과가 확실이 검증되지 않았다.

아동이든 성인이든 모든 치료에 앞서 정확한 진단을 내리는 것이 무엇보다도 중요한 과정이다. 진단이 확정된 후에는 환자의 증상, 기능, 환경, 합병증 등을 고려하여 통합적인 치료 계획을 세워야 하는데, 소아 및 청소년 ADHD의 치료는 크게 핵심적 치료와 기타 치료로 나눌 수 있다. 핵심적 치료에는 약물치료와 행동치료가 있고, 기타 치료로는 가족치료, 사회기술훈련, 인지치료, 주의력 및 작업기억력 훈련 등을 들 수 있다(유희정 등 2007). 하지만 최근까지의 연구 결과를 살펴보면, 약물치료가 가장 중요한 치료이다.

1. ADHD 약물 치료의 원칙

일단 약물치료가 결정된 후에는 환자 및 가족에게 약물 효과나 부작용, 한계에 대해서 충분히 설명하고 장기간 사용해야 한다는 것도 미리 알려주어야 한다. ADHD약물 치료는 일차적으로 식약청(Food and Drug Administration, FDA)에서 허가한 약을 고려하는데, 약물치료의 계획은 한 번 세운 것으로 끝나지 않고 정기적으로 약물 치료의 효과 및 부작용을 평가하여 환자의 상태에 따라 유연하게 변경하여야 한다. 약물 치료의 효과는 임상의의 판단이 가장 중요하며, ADHD 증상을 평가하는 척도들을 이용하기도 한다.

2. 성인 ADHD의 치료 약물

소아청소년 ADHD와 마찬가지로 성인 ADHD의 치료방법 중에서도 약물치료가 가장 효과적인 것으로 알려져 있으며, 치료제 역시 기본적으로 소아 및 청소년과 동일하다. 차이점이 있다면, 용법에서 다소 차이가 있을 뿐이다. 본 장에서는 성인 ADHD치료법에 대해서만 기술하였다.

1) 약물 치료의 효과

전반적인 ADHD치료제의 효과에 대한 기존 연구 결과를 정리해보면, 정신자극제의 경우 평균 효과 크기(effect size)가 0.9보다 크다. 이에 비해, 2차 선택 약물과 atomoxetine의 경우 평균 효과 크기가 0.6 이하였다(Faraone과 Wilens 2003, Michelson 등 2003).

효능에 대한 상기 결과를 적용할 때, 주의해야 할 부분이 있다. 일반적으로 약물의 치료 효과는 치료를 시작한 후 한 달 정도에 평가한다. 따라서 atomoxetine, clonidine과 같이 약물 효과가 늦게 나타나거나 시간이 지날수록 효과가 증가하는 약물의 경우에는 저평가되었을 가능성이 있다. 또한 대부분의 성인 ADHD에 대한 약물 치료 효과에 대한 연구들은 비교적 짧은 추적 기간 동안 이루어졌기 때문에 장기간의 약물 효과에 대해서는 아직 더 많은 연구가 필요하다.

2) 약물 치료의 기전

성인 ADHD의 약물 치료 기전은 아동 및 청소년의 경우가 동일하다. 즉, 약물은 주의력에 관련된 대표적인 신경전달물질인 노르에피네프린과 도파민 시스템에 작용한다. 궁극적으로 ADHD 치료제의 공통적인 치료 기전은 전두엽과 같은 주요 주의력 신경회로 구조에서 도파민과 노르에피네프린의 농도를 증가시키는 것이다.

좀더 자세하게 설명하면, 주의력 조절 체계에는 서로 독립적인 두 가지의 신경해부학적 체계가 존재하는데, 도파민 신경들의 영향을 주로 받는 전방 주의력 시스템과 노르에피네프린 신경들의 조절을 주로 받는 후방 주의력 시스템이다. 도파민계가 주로 관여하는 전방 주의력 시스템에서는 실행 기억, 판단, 계획, 반응 조절 등의 역할을 담당하고, 노르에피네프린계가 주로 관여하는 후방 주의력 시스템에서는 자극의 선별과 선택, 집중력의 분배, 유지, 변경 등의 역할을 담당한다고 한다. 이렇게 도파민계와 노르에피네프린계의 밀접한 상호작용으로 이루어지는 주의력 조절 체계의 기능에 이상이 생길 경우에

ADHD의 증상이 발생하며, 약물 효과는 이 두 가지 주의력 조절 체계의 이상을 조절함으로써 나타나는 것으로 보인다(Dodson 2005).

특히 주요 치료제 중 하나인 정신자극제의 작용 기전을 살펴보면, 도파민 운반체의 과도한 증가(과활성화)를 적절하게 조절하고 시냅스 내의 도파민의 양을 증가시킴으로써 신경활성제의 역할을 하게 된다. 이와는 달리 노르에프네프린계에 작용하는 atomoxetine(Strattera®)도 개발되어 많이 사용되고 있다. 이러한 작용을 통해 약물치료는 단기적으로는 신경전달물질을 활성화시키고, 장기적으로는 신경망을 활성화시키고 신경발달을 촉진시키게 된다.

3) 1차 치료제

과거에는 성인 ADHD의 1차 선택 약물로는 정신자극제(각성제), 2차 선택 약물로는 항우울제가 주로 사용되어 왔다. 하지만, 최근 들어서는 새로운 약물인 atomoxetine이 성인 ADHD의 매우 우수한 치료제로 각광받고 있다(Meszaros 등 2007). 전세계적으로 주로 사용되고 있는 성인 ADHD의 1차 치료제를 표 1에 정리하였다.

표에 제시된 용량은 일반적인 지침이기 때문에 임상에서는 환자 개개인의 반응을 고려하여 투여량을 결정해야 한다. 각성제의 용량과 효과는 전반적으로는 비례하지만 그에 따라 부작용도 늘어나기 때문에 처음에는 소량으로 시작하며 효과와 부작용을 확인하며 서서히 증량해야 한다. 증량은 ADHD증상이 충분히 완화되거나, 부작용 때문에 더 이상 불가능하거나 혹은 최대용량에 도달할 때까지 이루어지며, 증상과 기능장애가 있는 한 약물치료는 지속되어야 한다.

표 1. 성인 ADHD 1차 치료제:

일반명			상표명	시작 용량 (mg)/ 일	복용 횟수	증량[1]	권장 최대 용량 (mg)/일
메칠페니데이트	속효형	methylphenidate immediate release	Ritalin Penid Methylpen	10	3회/일	10mg/주	80
	지속형	methylphenidate extended release	Concerta	36	매일 아침	18mg/주	80 이하 (72)
		methylphenidate extended release	Metadate CD	20	매일 아침	20mg/주	80
암페타민	mixed amphetamine salts compound		Adderall	5	3회/일	5mg/주	40
	mixed amphetamine salts compound extended release		Adderall XR	10	매일 아침	10mg/주	40
	Atomoxetine		Strattera	40	매일 아침	40mg/2주	100

1. 오후 용량보다 오전 용량을 먼저 증량

(1) 정신자극제

세계적으로 가장 많이 사용되고 있는1차 치료제에는 정신자극제인 d-amphetamine(1937), methylphenidate(1957)이다. 미국 FDA는 3세 이상에서 d-amphetamine을, 6세 이상에서 methylphenidate의 처방을 승인하고 있다. 최근에는 amphetamine의 d형과 1형의 혼합형 약물인 Adderall®이 개발되었다.

이런 정신자극제는 정신과 약물 중 가장 좋은 효능(효과 크기 = 약 1.0)을 보인다. 반응율은 75~90%(methylphenidate 75%, amphetamine 75~80%)이며, 50~60%에서 기능의 정상화를 보인다. 호전을 보이는 핵심 증상에는 부주의성, 과잉운동성, 충동성이 있고, 그 외에도 비순응도, 공격성, 사회적 상호작용. 학습수행 능력에도 다소 효과를 보인다고 알려져 있다(Dodson 2005).

국내에서는 정신자극제 중 methylphenidate만이 처방 가능하다. 이 약물의 사용은 전 세계에 걸친 NICE, SIGN, AAP, AACAP, European guidelines에 의해 지지 받고 있으며, 현재 200개 이상의 매주 잘 계획된 연구(randomized controlled studies) 결과가 보고되었다. 또한 50년 이상의 약물 사용 경험을 통해 약물의 효과와 안정성은 충분히 확인되었다.

속효성(immediate-release, IR) methylphenidate

이 약제의 반감기는 약 4시간 정도로서 효과가 하루 종일 지속되지 않기 때문에 하루 2-3회 복용이 권장된다. 하지만 국내 연구 결과, 의사가 처방한 데로 모두 복용한 경우는 오전 처방은 81%에 달하였지만, 오후 처방은 43%에 불과하였다(Hwang 등 2004). 이는 속효성 약물의 경우 반수 이상에서 순응도 문제와 연관되어 치료 효과가 부족할 가능성을 시사한다.

지속성(long-acting) methylphenidate

지속성methylphenidate는 속효성 약물과 효능(efficacy) 면에서는 거의 동등한 것으로 생각된다(McGough 등 2006). 속효성 약물에 비해 값이 비싸지만, 학교 혹은 직장에서 약을 먹지 않아도 되므로 공적인 장소에서 굳이 약을 먹어야 되는 부담이 없다. 이런 이유로 인해 약물 순응도를 올릴 수 있는 장점이 있다. 이런 측면에서 볼 때 속효성 약물보다는 실제로 더 효과적(effectiveness)이라는 보고가 있다(Greenhill 등 2001).

현재 우리나라에서 사용 가능한 지속성 약물은 Concerta®와 metadata CD®가 있다(표 1).

amphetamine 계열의 약물

국내에서는 처방할 수 없으나 amphetamine 계열의 정신자극제 역시 성인 ADHD 에서 매우 효과적이고 안전한 것으로 알려져 있으며, 미국을 비롯한 여러 나라에서 사용되고 있다. Spencer 등의 연구에서 성인 ADHD치료에 사용한 결과, 경구로 54mg 복용 시 가장 효과적이었고 심각한 부작용은 관찰되지 않았다. Adderall의 부작용 중에서 식욕 억제와 흥분성의 증가만이 관찰되었지만, 모든 사람이 심각한 부작용 등으로 인한 중도 탈락 없이 연구 끝까지 참여했다. 혈압이나 체중 감소는 통계적 유의성을 보였으나 개개인은 임상적으로 별 차이를 보이지 않았다(Spencer 등 2001).

약물 부작용

Methylphenidate를 사용하는 경우 약 10-30%에서 크고 작은 부작용이 발생할 수 있다. 대부분의 부작용은 약을 사용하지 못할 정도로 심하지 않으며, 혹시 견디기 힘든 부작용이 있다고 하더라도 약을 중지하면 대부분 바로 호전된다.

가장 흔한 부작용은 식욕 감퇴, 체중 감소, 불면, 그리고 두통이다. 이보다 덜 흔한 부작용으로는 틱의 악화, 감정적 불안정과 자극과민성, 구토, 어지럼증 등을 들 수 있다.

이런 부작용 양상은 대개 용량이 증가함에 따라 증가한다.

불면 및 식욕부진

약을 복용한 후 불면증이 생기는 경우, 약물에 의한 부작용인지 약물 효과의 소실로 인한 행동 문제인지 여부를 명확히 하여야 하다. 약물의 부작용일 경우에는 낮 시간의 자극제 용량을 줄여야 하고, 중

상일 경우에는 저녁에도 약물 효과가 지속되도록 추가적인 조치를 해야 하기 때문이다. 정신자극제로 인한 불면증의 완화를 위해서 항히스타민제, trazodone, 소량의 clonidine을 사용해 볼 수도 있지만, 이보다는 약물의 감량 및 변경이 더 추천된다.

또한 정신자극제로 인한 식욕 부진의 경우에는 약물의 감량 혹은 변경 외에도 식사 도중 혹은 식후 바로 복용하거나 보조적으로 식욕을 증가시키는 약물을 처방할 수 있다(Daviss와 Scott 2004).

틱 증상의 악화

Methylphenidate와 틱 증상과의 연관성에 대한 초기 연구 결과를 보면, methylphenidate를 처방 받은 ADHD 아동1520명 중 6명(0.39%)에서 기존의 틱 증상이 악화되었고, 14명(0.92%)에서 새로운 틱이 발생하였다(Denckla 등 1976). 이후에도 정신자극제가 새로운 틱을 발생시키거나 기존의 틱을 악화시킨다고 보고하는 통제된 연구도 있다(Law와 Schachar 1999). 또한 유전적으로 뚜렛증후군이 ADHD와 관련성이 있다는 보고도 있어서, 오랜 기간 동안 뚜렛증후군의 가족력이 있거나 이 증후군을 가지고 있을 경우, methyphenidate의 처방을 신중하게 하거나 사용을 피해야 하는 것으로 알려져 왔다.

하지만, 최근 들어 정신자극제는 틱 증상을 악화시키지 않는다는 반론이 제기되었다. 특히 정신자극제가 틱을 얼마나 빈번하게 유발하는지에 대해서는 명확하지 않다. 최근에 속효성 약물과 지속성 정신자극제를 모두 사용했던 이중 맹검 임상 연구에서는 정신자극제가 위약에 비해 틱의 빈도를 높이지 않는 것으로 보고되었다(Wolraich 등 2001). 때로는 ADHD와 틱을 공존질환으로 갖고 있는 아동들의 경우 정신자극제를 투여했을 때 오히려 틱 증상의 감소를 보였으며, 이런 효과는 1년 후에도 지속되었다(Gadow 등 1999).

결론적으로 최근 발표된 ADHD 치료가이드라인을 보면, ADHD와 틱이 공존하는 경우에도 1차로 methylphenidate와 같은 정신자극제의 처방이 권고되고 있다. 특히 새로운 약물인 atomoxetine의 경우에는 틱 증상과는 아무런 상관이 없어서 두 질환이 함께 존재하는 경우에 사용하기 편리하다(Pliszka 등 2006).

자극과민성과 감정의 불안정성

공격성과 감정의 불안정성이 낮 시간에도 존재하는지, 정신자극제의 효과가 없어진 저녁시간에 증가되는지를 주의 깊게 살펴보는 것이 매우 중요하다. 일반적으로 후자 쪽의 빈도가 더 높은데, 이는 늦은 오후에 속효성 약물을 소량 투여하는 것으로 충분히 해결이 가능하다. 하지만 전자의 경우에는 정신자극제의 부작용이므로 약물의 감량 혹은 비 정신자극제로 변경해야 한다.

심혈관계에 미치는 영향

각성제가 심혈관계에 미치는 영향에 대한 많은 보고들이 있었지만, 대부분의 연구에서 정신자극제가 혈압이나 맥박수에 유의한 변화를 가져오지 않는다는 결과를 보고하였다. 하지만 선천성 심장질환이나 기타 심질환을 앓았다든지, 현재 심혈기능에 문제가 있는 경우에는 조심스럽게 사용해야 하며, 심장전문의의 조언이 필요한 경우도 있다.

정신병적 증상

매우 드물지만 정신병 증상이나 조증 증상이 악화되거나 새로이 발생하는 경우도 있다. 따라서 정신병의 병력이 있는 ADHD 환자의 경우에는 투여 전에 환자를 주의 깊게 관찰하여야 한다. 투약 후 정신병적 증상이 발현되는 경우에는 즉시 투약을 중지한다.

의존 가능성

어린 시절 각성제의 노출이 성인기에 약물의 남용을 유발한다는 가설이 제기되었으나, 현재까지의 임상 연구 결과 오히려 ADHD증상을 호전시키고 반사회적 인격장애의 발전을 감소시킴으로써 물질남용을 억제하는 효과가 있는 것으로 보고되었다(Faraone과 Wilens 2003). 하지만 반사회성인격장애가 의심되거나 가족력이 있는 경우에는 처방에 주의해야 한다.

반동 효과(rebound effects)

속효성 methylphenidate 경우에는 복용 후 5시간 정도 지나면 약효가 떨어져서 흥분이나 과활동, 수면장애, 가벼운 오심 등의 반동 증상이 나타날 수 있다.

좀비 증후군(Zombie syndrome)

약물의 용량이 급격히 증가되는 시간에 일부 환자들에서 생각이 느려지고 감정이 무뎌지는 경험을 할 수 있다. 이를 "좀비 증후군"이라고 하는데, 약물 감량이나 변경을 통해 해결할 수 있다.

장기적인 부작용

대부분의 증상은 약을 복용한 후 8주 정도가 지나면 상당 부분 사라지거나 감소하는 것으로 보고되고 있다. 하지만 일부 불면, 식욕 저하, 체중 감소, 두통 등의 부작용이 지속될 수 있다(Charach 등 2004).

임상가는 각성제의 장기간 사용에 의한 부작용에 대해 항상 주의해야 한다. 하지만, 심각한 의학적 부작용은 없음을 확인하였고, 일반적으로 감량이나 약물 변경에 의해 완화되거나 사라진다(McCracken 등 2003).

공존 질환에서의 효과 연구 결과

ADHD환자는 약 60% 이상에서 다른 질환이 공존한다. 공존질환이 있는 경우 약물에 의한 반응이 떨어지며 예후도 좋지 않다. 현재까지는 ADHD의 치료를 먼저 하는 것이 좋다고, 이는 환자 사례마다 달라서 중요한 질환부터 먼저 치료하는 것이 가장 옳다. 공존질환이 있더라도 대부분의 경우에는 정신자극제가 공존질환의 증상에는 영향을 미치지 않는다. 하지만, 일부에서는 정신자극제를 사용하는 경우에 불안장애, 틱장애, 강박장애 등의 증상이 악화될 수 있으므로 세심한 임상적 관찰이 필요하다.

(2) Atomoxetine (Strattera®)

Atomoxetine의 기전으로서 가장 특징적인 것은, 정신자극제나 향정신성의약품이 아니라는 점이다. 이 약물은 노르에피네프린 전달자에 대한 강력한 선택적 차단제로, 시냅스 전 세포막에서 노르에피네프린 재흡수 전달자를 차단하여 시냅스 간 노르에피네프린의 양을 증가시킨다. 또한 전전두엽(prefrontal cortex)에 국한적으로 작용하며 선조체(corpus striatum)와 측중격핵(nucleus accumbens)에는 영향을 미치지 않는다. 따라서 정신자극제가 갖고 있는 부작용 중 하나인 틱 증상의 악화가 일어나지 않는 것으로 알려져 있다.

효능 검증을 위한 최근의 실험에 의하면, ADHD 증상의 30% 감소를 유의한 반응으로 정의했을 때, 위약군에서는 10.5%에서 반응을 보인데 반해 atomoxetine군에서는 53%에서 반응을 보였다. 신경심리학적 검사에서는 atomoxetine이 특히 불필요한 반응을 억제하는 능력에 효과가 있음이 증명되었다. 보다 큰 규모의 다 기관 협력 연구 2개 결과도 매우 흥미롭다. 각각의 연구에서 atomoxetine은 부주의, 과활동성, 그리고 충동 증상을 감소시키는데 위약에 비해 통계적으로 유의한 효과를 보이는 것으로 나타났다. 두 연구 모두에서 부작용으로 인한 연구의 중단은 10%보다 적었다. 이 연구들로 효능과 안정성을 입증 받아 ADHD의 치료제로서 가장 최근에 FDA의 승인을 받았으며, 특이적으로 성인 ADHD에 처음으로 승인을 받았다(Spencer 등 2004).

특히 치료를 시작한 후 약 1주 째부터 위약보다 좋은 효과를 보였는데, 이런 효과는 6주쯤에 최대 효과를 보였다. 따라서 충분한 용량으로 몇 주간은 지속 투여하는 것이 바람직하다. 정신자극제와 비교했을 때, 조금 늦은 치료 반응을 보이는 편이지만, 효과가 24시간 지속하여 늦은 오후나 저녁에도 투약이 가능하다는 장점이 있다. 이 외에도 확정적이지는 않지만 ADHD에 동반된 불안장애에도 atomoxetine 단독 처방으로 두 질환의 증상이 모두 호전된다는 보고가 있다(Kratochvil 등 2005).

Atomoxetine의 부작용에는 소화기 증상, 진정, 식욕감소 등이 있는데 대체로 용량 조절로 완화되나 시간의 경과에 따라 악화되는 경우도 있다. 완화되지 않는 경우 점차 감량하며 다른 약물을 시작한다.

(4) 2차 치료제

성인 ADHD에 사용할 수 있는 과학적 근거를 갖고 있는 2차 치료제를 표 2에 요약하였다. Pemoliner과 modafinil을 제외한 모든 2차 치료제는 항우울제이며, 1차 선택제에 반응이 없거나 부족한 경우에는 2차 선택제의 사용이 권고된다(Dodson 2005).

표 2. ADHD의 2차 선택제

일반명	상품명	용법
부프로피온Bupropion	웰부틴SR Wellbutrin SR	200 mg b.i.d (하루 2회 분복).
페몰린Pemoline	실러트 Cylert	75—112.5 mg /일
모다피닐 Modafinil	프로비질 Provigyl	200 400 mg /일
이미프라민/데시프라민 Imipramine/desipramine		10 mg; q.i.d(하루 4회 분복) to 150 qd(매일)

2차 선택제는 다음과 같은 환자에서 유용하다. ADHD증상이 약하고 우울, 불안, 공황장애가 동반된 경우, 각성제 사용이 어려운 경우, 운동틱 또는 뚜렛장애가 심각한 경우, 약물남용의 가능성이 높은 경우, 정신자극제 단독 사용시 증상 치료를 위해 지나치게 높은 용량이 필요한 경우가 이에 속한다. 특히 항우울제와 동반 치료를 통해 정신자극제의 필요량을 줄일 수 있는 것으로 알려져 있다.

Pemoline

D-Amphetamine이나 methylphenidate에 비해 약한 정신자극제로 알려져 있다. 특징적으로 반감기가 과거 연구를 보면, pemoline 치료군에서는 50%의 증상 완화율을 보여 위약군 17%에 비해 유의한 치료 효과가 증명되었으며, 치료에 대한 반응은 용량, 성별, 정신과적 동반질환과 무관하게 나타났다(Spencer 등 2004). 장점으로는 반감기가 길어 하루에 한번 복용이 가능하다는 점, methyphenidate에 비하여

심혈관 관련 부작용이 적다는 점, 반동 효과가 적다는 점을 들을 수 있다. 단점으로는 효능 발현이 느리기 때문에 효과가 나타나기까지 약 3주 정도가 소요된다는 점, methylphenidate에 비하여 효능이 떨어진다는 점, 1~3%에서 간 독성이 나타난다는 점을 들 수 있다.

Bupropion

Bupropion은 FDA에서 우울증과 금연 치료 보조제로 승인을 받았으며, 처음에는 amphetamine과의 구조적 유사성으로 인해 아동 ADHD의 치료제로 사용되었다. 이 약물이 성인 ADHD에서 효과를 나타내는 기전으로는 도파민 효현제, 노르아드레날린과 같은 효과를 통해 간접적으로 작용을 나타내는 것으로 보인다. Bupropion 투여 후 증상이 30% 이상 완화된 경우가 76%로 위약군 37%에 비해 효능이 우수했다는 보고가 있다(Spencer 등 2004). 용량(200mg 하루 2회 분복)과 반응 기간 지연(6~8주)은 우울증 치료 시와 비슷하고, 경련의 위험을 줄이기 위해 분복 하거나 지속형을 사용하는 것이 좋다.

초기 보고서에 의하면 청소년, 성인의 약 반수에서 ADHD로 인한 장애에 임상적으로 유의한 효과를 보인다고 한다(Wender와 Reimherr 1990). 더 최근의 보고에 따르면 성인 ADHD와 주기성 기분장애 공존의 치료에 bupropion과 divalproex sodium의 사용이 임상적으로 유의한 효과를 보이며 기분을 안정시키는 효능도 보인다고 한다(Wilens 등 2001). 부작용으로는 불면과 식욕 감소가 나타날 수 있다.

삼환계항우울제(tricyclic antidepressant, TCA)

삼환계항우울제가 ADHD에서의 효능을 보이는 기전으로는 노르에피네프린, 도파민 재흡수에 작용하는 것으로 추정되고 있다. 삼환계

항우울제는 소아 ADHD 치료제로 20년 이상 사용되어 왔으나, 성인에 대한 연구는 거의 이루어지지 않았다. 몇 가지 연구 결과를 살펴보면, 저용량 보다 고용량에서 더 유효할 것이라 추정되고, 처음 수주간은 효과가 나타나지 않을 수 있으며 효과가 용량에 비례하지 않을 수도 있는 것으로 보인다(Wilens 등 1996). 역시 전체 증상의 30% 감소를 목표로 6주 간 약물을 투여한 후 관찰한 결과, 위약군의 반응율이 0%에 비해 desipiramine 치료군에서는 68%의 반응율을 보였다(Spencer 등 2004).

소아에 비해서 성인에서 오히려 부작용이 클 수 있는데, 부작용으로 구갈, 진정, 시력 변화, 졸리움, 변비, 요페, 기립성 저혈압, 빈맥, 부정맥 등의 항콜린성 문제와 초과 용량시의 독성을 들 수 있다. 부작용으로 인해 생활의 지장이 초래될 경우 감량 및 중단을 고려해야 한다.

Imipramine은 TCA의 일종으로 노르에피네프린의 흡수를 억제하며 성인은 25mg으로 시작하여 150mg까지 증량할 수 있다. Desipramine이 imipramine보다 비교적 부작용이 적다. 하루 10~25mg(0.5~1.0 mg/kg)로 시작하고 1주 간격으로 1mg/kg/d씩 증량한다. 통상적으로 보통 2~5mg/kg/d에서 반응한다. 성인의 경우 하루에 한번 복용하면 되는 장점이 있지만, 심혈관계 부작용으로 인해 투약하기 전에 반드시 심전도검사를 시행하고, 용량이 3.5mg/kg이 넘는 경우에는 꼭 심전도를 재점검해야 한다(Spencer 등 2004).

Modafinil

기면증의 치료제로 FDA의 승인 받은 약물로서, 특정한 시상하부 부위를 활성화 시키는 것으로 추정된다. Modafinil 4mg/kg/day는 수면 부족이 없는 건강한 성인에서 인지 기능을 향상시켰다는 보고가 있으며(Baranski 등 2004), 성인 ADHD 환자에서 modafinil 치료는 단기 시각 기억, 공간 계획, 각성도, 정확성을 향상시켰다는 예비적인 연구 결과가 있다(Turner 등 2004).

이외에도 교감신경계의 알파-2 효현제로 알려져 있는 clonidine과 guanfacine의 경우에는 아동에서는 효과가 있는 것으로 알려져 있으나, 현재 우리나라에서 시판되지 않을 뿐 아니라 성인에서는 일반적으로 1, 2차 치료제로 고려되지 않는다(Dodson 2005, Spencer 등 2004, Weiss와 Weiss 2004).

제5장
성인주의력결핍/과잉행동장애의 심리치료

성인주의력결핍장애 환자들에 대한 치료는 약물치료의 효과가 가장 우수하지만, 그것으로 충분한 것은 아니다. 무엇보다도 약물치료는 투약을 중단할 경우 증상이 재발될 위험이 매우 높은 것이 단점이다. 그러므로 치료효과를 보다 극대화 시킬 뿐만 아니라 이를 오랫동안 지속적으로 잔류하도록 만들려면 여러 가지 심리치료를 함께 병행하는 것이 무엇보다 중요하다. 성인ADHD 환자들에 대한 심리치료는 의학적 교육에서 출발하여, 생활지도와 지지적 정신치료를 거쳐 인지행동치료에서 완결된다. 또한 환자 자신들에 대한 심리치료만큼 중요한 것은 성인ADHD 환자들과 함께 생활하고 있는 가족들을 치료에 참여 시키는 것이다. 부부치료와 가족치료를 병행함으로써 성인ADHD 환자들에 대한 심리치료는 비로소 완성될 수 있다.

1. 의학적 교육

성인주의력결핍/과잉행동장애 환자들에 대한 심리치료에서 가장 먼저 중요한 것은, 이 질환이 심리사회적 결과를 초래하는 신경발달상의 문제라는 사실을 알려주는 것이다. 그리고 그렇기 때문에 이 질환은 지능이나 게으름과도 연관이 없다는 것(Steven 등 2005)을 알려주는 것이다. 이렇게 질환과 연관된 객관적 의학적 정보를 환자 및 가족들에게 전달하는 것이 의학적 교육이다. 그러므로 의학적 교육의 목표는 이 질환이 환자의 심리적인 또는 성격과 연관된 문제가 아니라 뇌와 연관된 생물학적인, 의학적인 문제라는 것을 환자 및 그의 가족들이 깨닫도록 도와주는 것이라 할 수 있다. 대부분의 환자들은 주의력결핍장애로 인해 자신에게 생긴 문제를 주관적으로 잘못 이해하게 된다. 그들은 자신이 성격에 문제가 있는 사람이며, 정서가 불안정한 사람이고, 일 처리 능력이 미숙한 무능력한 사람이며 자동차 사고를 남들보다 더 많이 내는 사람(Barkley 2006)이라고 부정적으로, 주관적으로 자신을 이해하는 경향이 매우 강하다. 이러한 생각은 초등학교 등 어린 나이 때부터 주의력결핍장애가 있어온 경우일수록 더욱 심하게 두드러진다. 이렇게 질환의 지속되어온 오랜 기간을 거치는 동안 고정관념으로 만들어진, 자신의 문제에 대한 잘못된 이해를 바로잡는 것이 치료의 시작이 된다.

또한 많은 환자들이 주의력결핍장애로 인한 증상들을 자기 스스로의 힘으로 조절할 수 있다고 생각하는 경향이 있게 된다. 그렇기 때문에 그러한 자기조절에 실패했을 경우 기분이 우울해지고 자신감을 잃게 된다. 그러므로 의학적 교육에서는 이 질환이 스스로의 의지만으로는 극복하기 어렵다는 것을 객관적 자료를 통해 환자들에게 알려주고, 이 성인ADHD를 치료 받지 않을 경우 그 사람의 일상생활과, 나아가서는 그의 인생에 해로운 문제가 지속적으로 일어날 수 있다는 것을 알려 주는 것이 중요하다. 의학적 교육을 통해 성인의 주의력결핍장애에 대해 잘 이해한 사람은 질환으로 인한 인지적, 정서적 문제, 그리고 자존감의 문제를 보다 잘 다룰 수 있게(Tuckman 2007) 된다. 또한 무엇보다도 중요한 것은 환자들이 자기 스스로에게 비생산적인 자기비난을 계속적으로 해오던 행위를 즉각적으로 중지시키려 노력하는 것이다. 성인 ADHD환자들이 자기비난을 지속적으로 하게 되면 우울증 등의 정서적 문제와 자존감 저하 등의 문제가 발생하는 것을 도저히 피할 수 없게 된다. 환자들은 의학적 교육을 통해서 자신에 대한 비난을 중지하고, 비로소 자신을 객관적, 합리적으로 이해할 수 있는 등, 치료에 있어서 진정한 전환점을 찾을 수 있게 되는 것이다.

의학적 교육의 세부과정을 보면, 먼저 질환과 연관되어 환자들에게 지속되어온 정신적 기능의 장애들에 대해 살펴보는 것으로 시작한다(Margaret 등 2001). 교육자는 먼저 환자들에게 성인주의력결핍장애로 인해 생활에 어떤 어려움이 있었는지를 스스로 매우 자세하게 반복적으로 설명하도록 요청한다. 그리고 질환에 대해 객관적이고 의학적인 설명을 환자들이 완전히 이해할 수 있을 때까지 반복적으로 시행함으로써, 환자들은 이 질환이 사회적 결과를 초래하지만 본래는 생물학적인 원인에서 비롯된 것이며(Doyle 2006), 본인의 의지와는 상관없이 발생하였고, 결코 자신의 잘못때문이 아니라는 것을 비로소 알 수 있게 된다. 이러한 과정을 통해 환자들은 오래 동안 질환으로 인해 발생하고 악화되어 왔던 자기비난, 죄책감, 수치심, 좌절감을 스스로 없애 버릴 수 있는 기회를 발견하게 된다. 이러한 의학적 교육 과정에서 중요한 것은 환자들에게 자신이 겪었던 정서적 어려움과 고통에 대해 자세하고 충분하게 이야기 하도록 요청하는 것이다. 즉 환자는 교육자의 요청에 따라 그 동안 살아오면서 자신이 뭔가 남들과 자신이 다르거나 열등하다고 느낀 점, 같은 또래의 친구들과 비교되어서 갈등을 겪었던 점, 환자의 자존감과 성취동기 등에 영향을 미친 실패와 불행의 경험들을 상세하고 구체적으로 말할 수 있게 되는 것이다. 교육자는 이러한 다양한 세부적 주제들에 관해서, 의학적 생물학적 문제가 어떻게 해서 환자들에게 부정적인 심리적인 결과를 초래하게 만들었는지 설명해준다.

교육자는 환자들에게 성인에서의 주의력결핍/과잉행동장애에 대해 전반적인 의학적 내용을 환자들이 이해할 수 있도록 쉽게 설명함으로써, 새로운 치료적 목표 즉 이전보다 더 좋은 대응전략을 스스로 만들 수 있도록 치료동기를 만들어 줄 수 있어야 한다. 교육자는 환자들에게 새로운 치료적 전략이 문제가 되어왔던 행동들을 개선하는데 효과적일 수 있다는 것을 알려준다. 그리고 또한 그 치료의 과정과 방법이 체계적인 것이 되어야 한다는 것을 알려준다. 이러한 치료의 체계적 과정은 정확한 진단에서 시작하여 의학적 약물치료와 다양한 정신과적 심리치료 그리고 스스로 할 수 있는 자조치료까지를 포함한다는 것을 설명한다. 또한 교육자는 합리적인 치료적 체계 하에서 치료를 진행하는 것이 아무 치료나 무작위적으로 시도하는 것 보다 훨씬 더 효과적이라는 것을 환자들에게 알려준다. 그리고 체계적인 치료는 검증되고 공인된 의학적 치료기관에서만 가능하다는 것을 환자들에게 설명해주고, 그러한 치료를 현재 시행하고 있는 실제적인 치료기관들을 소개시켜 줄 수 있어야 한다. 왜냐하면 많은 성인주의력결핍/과잉행동장애 환자들이 단지 잘못 진단되었기 때문에, 또는 너무나 늦게 진단이 되었기 때문에, 오랜 기간 동안 자신에게 맞지 않는 잘못된 치료를 받아온 경우가 많으며 이 경우 치료의 효과를 보지 못했던 것은 당연한 결과이기 때문이다. 대부분의 성인ADHD환자들은 자신의 문제에 대한 자구책으로 여러 가지 치료 방법들을 전전해 왔지만 효과를 제대로 느꼈던 적이 없었다는 것을 기억하고 있을 것이다. 그러므로 성인주의력결핍장애에 대해 잘 알고 있으며, 치료적 경험이 풍부한 의료전문가를 찾는 것이 치료의 시작에서 무엇보다도 중요하다는 것을 의학적 교육에서 알려줄 필요가 있는 것이다.

하지만 의학적 교육은 문제해결의 과정이 아니라 과거에 잘못 이해했던 것에 대해 알려주는 것이 주된 목적이라는 것을 잊지 말아야 한다. 의학적 교육의 대상은 성인주의력결핍/과잉행동장애 환자 자신뿐만이 아니다. 교육이 필요한 사람들은 환자의 배우자, 환자가 현재 사귀고 있는 연인 그리고 환자의 가족들이 모두 해당된다(Tuckman 2007). 교육자는 환자주변의 중요한 인물들에게 성인ADHD가 의학적, 생물학적 질환이라는 것을 객관적으로 알려준다. 그리고 환자의 증상이 그가 일부러 그런 것이 아니라 어쩔 수 없이 발생했다는 것을 교육한다. 또한 교육자는 이 질환이 환자 자신의 의지나 노력만으로는 해결할 수 없고, 의학적 전문치료를 받아야 한다는 것을 알려준다. 마지막으로 교육자는 환자가 과거부터 주위 사람들에게서 질환으로 인해 부정적인 대우를 받아왔다는 것을 납득할 수 있도록 해주고, 앞으로 환자의 중요한 주변 사람들이 환자에 대해 만들어졌던 부정적 반응들을 어떻게 변화시킬 수 있는지를 알려준다. 이러한 치료적 전략을 짜는 과정에 환자를 참여 시키는 것도 매우 중요하다. 이 과정에서 성인주의력결핍장애에 대한 교육자의 객관적 지식과, 자기자신에 대한 환자의 주관적 지식이 만나게 되는데, 환자는 자신이 지닌 강점과 약점을 의학적으로 새롭게 이해하여 치료전략을 풍부하고 세

밀하게 짤 수 있게 된다. 이렇게 해결책을 만드는데 환자가 적극적으로 참여하게 되면, 치료적 전략을 자신이 만들었다는 것으로 인해서 자존감이 강화되고, 앞으로 더욱 열심히 치료과정에 참여하게 되는 동기가 되기 때문에 당연히 치료결과가 더욱 좋아질 수 있기 때문이다.

2. 생활지도

일명 코칭(coaching)으로 불리는 생활지도는 새롭고 강력한 치료방법(Daniel 2001)으로 말 그대로 환자의 일상생활에 관여하여 그들이 자신의 목표를 달성할 수 있도록 지도해 주는 것이다. 생활지도를 해주는 사람을 코치라 부르며 그는 환자의 약속시간, 회의시간, 기상시간 등등을 체크하고 환자에게 알려주어 문제가 발생하지 않도록 미연에 방지하는 기능을 해주고, 환자의 일상생활에서의 계획, 일 처리의 체계화 등을 도와준다. 생활지도는 대개 환자에게 전담된 코치에 의해 이루어진다. 코치는 환자들의 성인ADHD로 인한 문제들을 도와주고자 치료기관에서 전문적으로 훈련된 사람을 말한다. 하지만 사정이 여의치 않을 경우 꼭 전문훈련을 받지 않았더라도 환자의 친구나 애인, 가족이 현실적으로 코치의 역할을 어느 정도 해줄 수도 있다. 그렇지만 이때에는 환자가 자꾸 자신의 실수에 대해 양해만을 구하거나 핑계와 변명을 하지 않고 그들의 지시에 잘 따르려고 노력하는 자세가 무엇보다 중요하다. 이때 코치와 환자의 관계는 단순히 친해서 조언해주거나 도와주는 정도의 관계가 아니라 문제해결을 위해 함께 노력하는 목표 지향적인 관계(Tuckman 2007)라고 할 수 있다. 생활지도의 과정은 먼저 성인ADHD환자의 인생에 질환이 초래한 영향을 평가

하는 것으로 시작한다. 성인ADHD는 환자들마다 발생시기 및 정도가 다르다. 또한 각 환자가 처한 환경도 모두 다르기 때문에 이 질환이 개개인에게 미친 영향은 매우 다양하게 나타난다. 그러므로 코치는 자신이 맡은 환자의 인생에 이 질환이 그 동안 어떤 영향을 미쳐왔고, 현재에는 어떤 작용을 하고 있는지 특별히 평가해 볼 필요가 있다. 이런 평가를 통해야만 그 환자 개개인의 특수성에 맞는 치료전략을 구상할 수 있게 된다.

다음으로 생활지도는 성인ADHD 환자들이 선택하는 영역들에 관여한다. 성인ADHD 환자들은 인생의 여러 가지 선택에서 실수를 하는 경향이 있다. 선택은 매우 다양한 영역에서 일어난다. 어떤 직업을 택할 것인지, 어떤 배우자를 선택할 것인지, 하는 등등의 큰 선택에서부터 저녁식사로 무엇을 먹을 것인지, 선물은 무엇을 살 것인지 하는 작은 선택들까지 환자들은 다양한 영역에서 선택을 요구 받고 있다. 그런데 환자가 만약 자신의 문제를 질환과 연관시켜 이해를 하지 못하는 경우에는 자신에게 맞지 않는 잘못된 선택을 하게 되고 그 결과 오랜 기간동안 적응의 문제 때문에 고통을 받게 되는 것이다. 코치는 이러한 선택에 적극적으로 관여하여 환자가 자신에게 가장 잘 맞는 선택을 할 수 있도록 도와준다. 또한 생활지도는 성인ADHD 환자들이 일의 우선순위를 정하는 것을 돕는다. 성인ADHD 환자들이 일을 할 때 당면하는 대표적인 어려움은 일의 진행을 너무나 어수선하게 하기 때문에 일 처리가 난잡해지고 끝맺음이 부실하게 되는 경향이다. 이러한 문제가 발생하는 가장 큰 이유는 일의 순서를 결정하지 못하고 되는대로, 닥치는 대로 일을 진행하기 때문이다. 그러므로 일의 우선순위를 정하는 습관을 정착시키는 것이 매우 중요하다. 코치는 환자들이 이런 습관을 만들 수 있도록 도와준다. 생활지도는 또한 성인ADHD 환자들이 일을 수행하는데 있어 필요한 준비사항을 개발하고 검토하는 것을 돕는다. 성인ADHD 환자들은 일의 수행에 앞서 그에 필요한 준비를 소홀히 하는 경향이 있다. 이로 인해 일 처리 과정이 부실하게 되며, 이 문제를 해결하려고 다시 준비과정으로 돌아가는 등 우왕좌왕하게 된다. 그 결과 일의 수행 일정에 차질을 받게 되며, 그로 인해 동료들의 비난을 받게 된다. 코치는 일의 수행에 앞서 그에 필요한 준비를 할 수 있도록 함께 점검하고 도와준다. 그리고 생활지도는 성인ADHD 환자들이 일을 시작하는 처음부터 이를 체계화하는 것을 돕는다. 성인ADHD 환자들이 일을 할 때 당면하는 또 다른 어려움은 일의 순서를 체계화하지 못한다는 것이다. 이때 업무의 여러 부분들이 원칙 없이 뒤섞이게 되며, 원칙을 정했더라도 잘못된 원칙을 만들게 되어, 일의 진행에 있어 큰 차질이 생기게 된다. 코치는 환자가 일을 체계화 하는 과정에 직접 개입하여 이를 도와주고, 나아가 환자가 이러한 체계화 능력을 갖추고 또한 습관화 할 수 있도록 도와준다. 생활지도는 성인ADHD 환자들이 자신의 치료적 노력을 지속시킬 수 있도록 돕는다. 성인ADHD 환자들은 자신의 문제를 해결하기 위해 스스로 어떤 노력을 하게 된다. 새로운 원칙을 정하고, 일하는 방식을 바꿔보려 하기도 한다. 이러한 자구책이 대부분 실패하게 되는 이유는 환자들의 노력이 '작심삼일'에 그치기 때문이다. 코치의 중요성은 이때에 빛을 발휘한다. 코치는 환자들이 자신들의 문제를 해결하려는 노력을 지속할 수 있도록 도와준다. 코치는 그러한 노력이 계속되고 있는지 수시로 점검하고, 환자들이 이런 노력을 포기하지 않도록 지속적으로 격려해준다. 마지막으로 생활지도는 성인ADHD 환자들이 자신만의 잠재적 진가를 알아내고 인정해준다. 성인ADHD 환자들은 질환으로 인한 여러 문제들로 고민하게 되고 그런 와중에서 ADHD가 지닌 강점을 살리지 못하고 간과하게 된다. 성인ADHD 환자들은 변화를 추구하는 경향, 넘치는 강력한 에너지 그리고 자신만의 독특한 시각을 지니는 창조성에 있어 일반인들보다 장점을 지니고 있다. 문제는 질환의 부정적인 측면으로 인해 그들의 강점이 발견되지 못하고 또한 발휘되지 못하는 것이다. 코치는 누구보다 환자들을 잘 이해할 수 있기 때문에, 환자의 특별한 강점을 찾아내고 인정해줄 수 있다. 환자는 이런 측면에서 코치에게 심리적인 지지를 받게 될 뿐만 아니라 자존감의 회복, 그리고 자아실현으로 향할 수 있는 기회를 잡게 된다.

이렇게 생활지도를 담당한 코치는 환자가 계획하고, 조직하고, 실용적인 사고방식에 도달할 수 있도록 함께 작업한다. 코치는 먼저 환자가 자신만의 목표를 세울 수 있도록 하고 이를 달성할 수 있도록 개인적인 전략을 짜준다. 생활지도는 지극히 개인적인 작업이다. 그렇기 때문에 모든 코치에게 표준이 되는 방법이란 있을 수 없다. 코치는 환자를 변화시키기 위하여 그에게 맞는 맞춤 전략을 세울 수 있어야 한다. 코치는 매우 다양한 배경과 경력의 사람들이 할 수 있기 때문에 환자와 잘 맞는 사람이 하는 것이 무엇보다 중요하다. 어떤 코치냐에 따라서 환자의 상황은 천당과 지옥을 오갈 수도 있다(Thomas 2005).

생활지도는 단순히 환자의 행동만을 변화시키려는 행동치료와는 다르다. 생활지도는 또한 환자의 생각을 변화시키려 하기 보다는 특수한 문제를 함께 풀어나가는 것에 주안점을 둔다. 코치는 자신의 환자에게 생활의 모든 영역 즉 일, 사랑, 건강에서의 목표를 명확하게 제시해줄 뿐만 아니라, 그 도달과정에 깊숙이 관여하여 환자에게 계속 그것을 주지시키고, 동기를 부여해주고, 솔직하게 평가해 준다. 그러므로 코치는 환자 일상의 모든 행동들에 대하여 계속 질문하고 확인하는 (예를 들어 발표준비는 얼마나 되었는지, 약속에 늦지는 않았는지 등) 가정교사와 같은 역할이다. 코치는 먼저 성인ADHD 환자들의 장애를 만들어낸 습관을 분석한다. 책상 위에 끝내지 못한 일들을 남겨놓는가? 일을 끝낸 후에는 책상 위의 서류들을 치우지 않고 남겨 놓는가? 서류정리를 회피하며 일을 서류정리를 하는 것으로 시작하는가? 등에 대해 코치는 일일이 개입하여 점검하고 충고해 준다. 또한 코치는 성인ADHD 환자들이 새로운 습관을 만드는 것을 돕는다. 그는 환자들이 지치고 늦었다는 이유로 책상을 어지럽힌 채 퇴근하는지 점검한다. 코치는 환자들이 하루의 일과를 시작하기 이전에 10분간 책상을 정리하는 습관을 정착시키는데 도움을 준다. 그리고 일을 하나 끝내는 대로 서류를 여러 가지로 분류해서 보관하는 습관을 만들어준다. 마지막으로 코치는 성인ADHD 환자들이 노력하여 만든 새로운 습관이 환자자신의 일상생활 속으로 통합되도록 돕는다. 새로운 습관이 정착되는 데는 많은 시간이 필요하다. 무엇보다 새로운 습관은 생활 속에 숨쉬듯이 자연스럽게 스며들어야 한다. 코치는 새로 만들어진 습관이 일상생활 속으로 충분히 통합되게끔 지속적으로 도와준다. 만약 환자가 전문적인 코치를 고용하기 어렵거나 주변의 친한 사람들 중에서도 코치를 해줄 사람을 구할 수 없는 어려운 상황이라면 스스로 자기자신의 코치가 되어야 한다(Nancy 2008).

이러한 코치의 역할을 하려면 이상적으로는 코치가 환자와 같이 일상생활을 하는 것이 가장 좋을 것이다. 하지만 현실은 누구에게나 그런 여건이 만들어지기 힘들므로 환자와 코치가 얼마나 자주 만나야 치료효과를 낼 수 있는지 따져보게 된다. 원칙적으로 환자와 코치는 가능한 자주, 정기적으로 만나는 것이 좋다. 그리고 환자는 자신의 치료경과에 대하여 일주일에 여러 번 전화를 걸거나 e메일로 코치에게 보고하는 것이 좋다. 이때 환자의 입장에서는 코치에게 보고할 긍정적인 내용이 필요하기 때문에, 이러한 보고과정은 매우 강력한 치료적 동기부여가 된다. 다른 심리적 치료들이 질환으로 인한 증상을 개선하는데 초점을 두는데 반해, 생활지도는 환자의 삶의 질을 개선하는데 초점을 둔다(Adler 2006). 그러나 생활지도가 시간계획표를 만들고 매일의 스케줄을 관리하는 기술을 가르쳐주는 데는 유용하지만 환자의 심한 정서적, 심리적 문제에는 효과가 부족하다. 이 경우에 환자는 코치에게 생활지도를 받기에 앞서 개인정신치료 등 정통적인 심리치료를 받거나 그것과 생활지도를 병행하는 것이 좋다.

3. 지지적 정신치료(supportive psychotherapy)

지지적 정신치료는 인지행동치료와 더불어 성인ADHD에 대한 심리치료의 양대산맥을 이룬다. 많은 환자들은 심리검사 등의 진단을 위한 과정에서 자신의 문제나 증상을 자세하게 서술하는 경험과 나중에 전문가에게 성인ADHD를 진단을 받는 과정을 통해서 비로소 자신의 문제를 받아들일 수 있게 된다. 일부는 현재 ADHD를 지닌 자신의 자녀가 훌륭하게 치료되는 것을 보고 자신의 진단을 고려해 보기도 한다. 아무튼 많은 환자들이 바보 혹은 게으름뱅이, 미숙한 사람으로 평가 받아왔기 때문에 차라리 그것이 자신의 질환 때문이었다고 진단을 받는 것이 오히려 더 위로가 될 수 있는 것이다(Doyle 2006). 많은 성인ADHD 환자들의 주관적 심리세계를 살펴보면, 그들은 자신이 남들에게 부당하게 잘못 이해되고 있다고 느끼는 경향이 매우 강하다. 즉 성인ADHD환자들은 남들이 알고있는 자신과 환자 스스로가 생각하는 자신에 많은 차이가 있는 것이다. 성인ADHD환자들은 주변 사람들의 평가가 자신의 생각보다 항상 부정적이기 때문에 억울하다고 느끼게 되고, 그 결과 반항적이거나 공격적으로 되는 경향이 있는 것이다. 또한 주변의 그런 부정적 반응이 지속됨으로 인해 자포자기의 심정으로 자신감을 잃고 실의에 빠질 수도 있다. 성인ADHD환자들은 소아기와 청소년기를 지나 어른이 되어서 조차 자기 자신에 대해 풀리지 않은 많은 의문을 안고 있지만 어디에서 그 해답을 찾아야 할지를 잘 모른다. 그런 환자들에게 자신이 영문도 모르는 채 고통받아왔던 문제가 바로 성인ADHD의 증상으로 인한 것이었으며, 치료를 받으면 좋아질 수 있다는 소식은 마치 어둠 속의 한줌 빛 줄기와도 같이 정말로 희망적인 것이다. 지지적 정신치료는 환자들에게 자신의 고통이 자신의 성격적 결함에 의한 것이 아니라 주의력결핍/과잉행동장애에 기인한 것이라는 것을 알게 함으로써 자신의 질환에 대한 객관적인 인식과 통찰력을 갖도록 도와준다. 지지적 정신치료의 치료자는 환자가 자신의 고통스러운 감정을 효과적으로 다룰 수 있도록 도와주고, 그 동안 자신을 좌절 시켜온 부정적 믿음을 극복할 수 있도록 도와준다. 많은 경우에서 문제의 원인을 이해하는 것만으로도 성인ADHD환자들은 해결책을 찾을 수 있다는 희망을 품게 되고, 이는 치료의 효과적인 동기부여가 된다. 지지적 정신치료의 과정을 통하여 치료자가 환자의 회복을 방해해오던 여러 가지 방해물을 제거하는 것은 도와주게 되면, 환자들은 보다 효과적으로 자기문제의 해결책을 찾을 수 있고 그래서 자신 안의 고유의 힘을 새롭게 발견할 수 있다.

처음에 치료자는 환자에게 질환이 얼마나 매일의 일상생활에서 그에게 부정적인 영향을 주고 있는지를 발견하도록 도와준다. 환자는 매일의 활동에서 질환이 얼마나 많이 자신을 방해하여왔는지, 그리고 얼마나 많이 자신이 성격적 실패라고 간주하던 것들이 질환으로 인한 것이었는지를 알고 놀라게 된다. 치료자와 정기적으로 만나서 이야기를 하는 과정에서 환자는 자존감을 강화하고, 그들의 걱정과 불안에 대해 잘 알고 있으며, 이를 공감해 줄 수 있고 또한 해결책을 의논해 줄 수 있는 상대가 있다는 사실에 든든함과 편안함을 느낀다. 치료자는 환자에게 의학적 지식을 전달해주는 가이드일 뿐만 아니라 협력자의 역할을 하게 된다(Lynn 2006). 치료자는 환자의 문제가 무엇인지에 대해 명확하게 설명해준 뒤에, 현재 환자가 당면한 현실적인 문제를 다루어 주어야 한다. 환자는 아마도 직업을 잃어버릴 위기에 처해 있다든가 다른 사람들과의 인간관계가 끝날지도 모를 위험한 상황에 처해있을 것이다. 치료자는 성인ADHD환자들과 이러한 위기의 명확한 이유에 대해 구체적으로 토론하고, 다음으로 문제의 가능한 해결책을 찾는 작업을 함께 시작한다. 현재 시급한 문제가 없는 경우, 환자는 오래 동안 진행되어온 해묵은 문제를 참을성 있게 치료적 과정을 통해 다루게 된다. 어떠한 경우라도 치료자는 환자에게 유익한 문제해결의 방법과 현실적인 극복전략을 제시할 수 있어야 한다. 지지적 정신치료는 환자와 치료자 모두에게 자신의 믿음과 의지를 시험해 볼 하나의 도전이 된다. 하지만 그럼에도 불구하고 치료결과가 항상 긍정적으로, 또한 곧바로 나타나는 것은 아니다. 여기에는 기다릴 줄 아는 인내심이 필요하다. 이러한 개인정신치료의 과정을 통해 결국 환자는 자기 자신과 그의 질환에 대해 많이 배울 수 있게 되고, 문제를 해결할 수 있다는 자신감을 얻게 된다.

정신치료는 또한 환자의 내면에 혼란과 무질서를 야기하는 여러 가지 중요한 정서적 문제들을 다루어 주게 된다. 먼저 치료자의 환자의 비현실적인 자기기대를 다루어 주어야 한다. 성인ADHD 환자들은 치료적 노력을 시작하자마자 치료의 성과에 대한 기대와 목표를 비현실적으로 너무 높게 잡는 경향이 있다. 이런 조급함으로 인해, 초기의 치료결과에 실망한 환자들이 치료를 지나치게 일찍 포기할 위험이 생기게 된다. 치료자는 환자가 치료의 목표를 현실적인 수준으로 잡을 있도록 치료초기부터 도와주어야 하며, 이후에도 치료에 대한 비현실적인 기대가 생겨나지 않도록 지속적으로 배려해주어야 한다. 이것이 지지적 정신치료에서 가장 중요한 핵심적 사항이다. 성인ADHD 환자들은 비현실적인 자기기대와 비현실적인 자기비하의 양 극단 사이에서 끊임없이 왔다갔다하며 방황하는 흑백논리적 상황에 빠져있는 경우가 많다. 지지적 정신치료는 이러한 환자의 문제를 끈질기게 다루어주어야 한다. 이러한 노력의 결과로 환자는 이후에는 비로소 자기 자신에 대한 객관적이고 중립적인 현실 판단을 할 수 있게 되고, 극단적인 자기평가의 함정에서도 벗어날 수 있게 된다. 지지적 정신치료로 다루어줄 또 다른 정서적 문제는 바로 우울증이다. 만약 성인ADHD 환자가 우울증에 빠져있다면, 치료의 진행에 심각한 어려움을 겪게 된다. 우울증이야말로 치료과정의 가장 강력한 방해물 중 하나이다. 성인ADHD환자들이 우울하고 지쳐 있다면 일상생활을 체계화 하는 노력을 하기가 어려울 것이며, 이는 치료의 실패로 이어질 수 있다. 우울증에 빠져있는 환자의 침실은 난장판으로 정리되어있지 않고, 세탁물은 집안 곳곳에 널려서 쌓여있으며, 공과금 고지서들은 정리되지 않은 채 책상과 거실바닥에 흩어져있게 된다. 우울증이 충분히 치료되지 않을 경우 다른 모든 치료적 작업은 아마 효과를 보기가 어려울 것이다. 치료자는 먼저 우울증으로 인한 환자의 고통을 공감해 주어야 한다. 환자는 치료자의 공감에 의해 자신이 혼자 버려진 것이 아니며, 치료자가 자신의 아픔을 다른 누구보다도 이해해주고 있다는 사실에 안정감을 찾게 된다. 그리고 치료자는 정신치료의 과정을 통하여 환자의 우울증이 끊임없이 계속되는 것이 아니며, 반드시 회복된다는 사실을 알려주어 환자가 치유의 희망과 치료적 용기를 지닐 수 있도록 도와준다.

지지적 정신치료의 치료자는 우울증 이외에도 성인ADHD환자들의 불안과 강박증상을 다루어 줄 필요가 있다. 불안감은 환자들의 정신에너지를 고갈시켜 일 처리를 체계화 할 수 있는 힘을 빼앗아 간다. 성인ADHD환자들이 불안하게 되면 집중력이 더욱 분산되어 산만함이 악화되고 충동억제력을 또한 저하되어 충동적인 행동을 더 많이 하게 된다. 이와 같이 불안증상은 성인ADHD 환자들의 모든 증상을 전반적으로 악화시킬 수 있는, 마치 시한폭탄과도 같은 역할을 한다. 이러한 불안증상이 발생하는 원인은 여러 가지가 있을 수 있다. 환자의 개인적 인간관계의 갈등으로 인한 스트레스가 원인일수도 있고, 일 처리의 다급함으로 인한 스트레스 일수도 있다. 치료자는 환자의 불안을 인지적, 정서적 수준에서 공감하고 현실적인 해결책을 찾을 수 있도록 도와주며, 그것이 그 환자 혼자만의 문제가 아님을 알려주어 환자의 불안을 경감시켜 줄 수 있어야 한다. 성인ADHD환자들이 느끼는 불안감의 특수한 형태는 강박증상으로 나타나는 경우도 있다. 강박증상은 사소한 것들에게 환자들이 과도하게 집중하도록 만든다. 환자들은 우선적으로 해야 할 중요한 일을 뒤로 미루고 방치한 채, 여러 사소한 수집품들을 강박적으로 정리하는데 많은 시간을 소모하는 경향이 있다. 성인ADHD환자들은 자신이 그런 사소한 정리에 시간을 소비해서는 안 된다는 사실을 생각으로 알고는 있지만 한번 시작되면 그런 행동을 멈출 수가 없는 것이 문제이다. 그래서 환자들은 나중에 후회를 할지언정 끝까지 '삼천포로 빠져 버리는' 강박적 행동을 지속하려는 경향이 있는 것이다. 지지적 정신치료는 환자들이 강박적 행동을 '아예 시작하지 않도록', 그리고 '당장 멈출 수 있도록' 여러 가지 치료적 전략을 가르쳐주고, 강박적 행동의 부정적 결과로 인해 환자가 자기자신을 비판하여 우울증에 빠지지 않도록 도와주어야 한다. 그리고 환자의 강박증상이 단번에 치료될 수는 없겠지만, 포기하지 않고 지속적으로 노력하면 일상생활에 지장이 없을 만큼 충분히 완화시킬 수 있다는 것을 알려주어야 한다. 그런데 환자가 고통스러운 감정에 매우 예민하기 때문에, 지지적 정신치료의 과정에서 자신의 과거 상처 받았던 감정을 다시 재경험 하는 것을 원하지 않을 수도 있다. 이런 경우에는 지지적 정신치료 보다는 인지행동치료가 더 효과적이다(Lynn 2005).

4. 인지행동치료

인지행동치료는 인지치료와 행동치료라는 두 가지 효과적인 치료가 결합된 치료형태이다. 먼저 인지치료는 성인ADHD환자들의 어떠한 생각의 패턴이 질환과 연관된 증상을 만들어내는지를 그에게 보여주는 것에 초점을 맞춘다. 그리고 행동치료는 문제행동을 밝혀내고 스트레스 상황에서 파괴적인 방법으로 행동하는 습관을 일으키는 충동을 어떻게 약화시킬 수 있는지 그 방법을 환자에게 알려준다(Thomas 2005). 인지행동치료를 통해서 성인ADHD환자들은 단지 상황에 단순하게 수동적으로 반응하는 것에서 벗어나, 적절하게 합리적으로 생각하고 행동하는 법을 배울 수 있게 된다. 인지행동치료는 지지적 정신치료와 다음과 같은 여러 측면에서 구별된다(Adler 2006). 지지적 정신치료는 환자에게 자신의 문제와 질환에 대한 통찰력을 주고 자기발견의 내면적인 과정을 도와주는 데에 초점을 맞추는 반면에, 인지행동치료는 환자들이 자신을 삶을 바꿀 수 있는 전략을 습득할 수 있도록 도와준다. 인지행동치료는 또한 환자의 부정적 마음을 긍정적이고 현실적인 것으로 바꾸는 데에도 목표를 둔다. 지지적 정신치료가 환자의 자기발견을 통해 자신의 문제에 대한 해결책을 찾도록 가이드해주는 반면에, 인지행동치료는 성인ADHD환자들의 회복에 좀더 적극적인 역할을 한다. 치료자는 환자들 개개인의 특정한 문제를 명료화하고, 이에 대한 적절한 해결책을 제시하며, 최종적으로 환자들이 그러한 해결책을 수행할 수 있도록 현실적이고 실제적인 계획표를 만들어준다. 이러한 인지행동치료의 장점은 짧은 시간 내에 목표로 하는 증상을 제거할 수 있다는 것이다. 이를 위해 가장 먼저 중요한 것은 자신의 느낌과 행동에 영향을 주는 생각을 적응적인 것으로 바꾸는 노력이다(Steven 2005).

(1) 인지행동치료가 필요한 주요 영역들

1) 부적응적 스키마와 핵심믿음

인지행동치료에서 말하는 스키마(도식)는 우리가 인생에서 만나는 여러 가지 자극을 평가하고 해석하는 생각의 배경이 되는 인지적 구조를 말한다. 이것은 자신이 경험한 것에 대한 합리적인 의미를 부여하려는 인간의 인지적 본성에서 비롯되는 되는 것으로 생존을 위해 반드시 필요한 요소이다. 즉 스키마로 인해 인간은 새로운 환경과 상황에서 고통을 피하고 적절히 적응할 수 있게 되는 것이다. 그러므로 스키마는 인간이 발달과정을 통해 경험하게 되는 것들을 학습할 때 생기는 것이라고도 말할 수 있다. 스키마는 우리가 세상을 보는 관점에 영향을 주고 결과적으로 우리의 인지적 구조와 사회적 기능에 지대한 영향을 미치게 된다. 또한 핵심믿음은 스키마가 특별한 형태로 표현되는 것을 말한다(Ramsay 2008). 핵심믿음은 한 개인의 일상생활 패턴에서 어떤 의미를 부여하는 지극히 개인적인 규약의 형태로 나타난다. 이러한 스키마와 핵심믿음이 건전하고 적응적이라면 그것은 그 사람의 건강한 삶에 중요한 역할을 하게 된다. 하지만 스키마와 핵심믿음이 부적응적일 경우, 그 사람의 삶에 지속적으로 심각한 어려움을 야기시킬 수 있다. 많은 성인ADHD환자들은 그들의 지속된 증상으로 인해 일상생활에서 특수한 부적응적 스키마와 핵심믿음을 지닐 수 있게 되는데 이들은 다음과 같다.

자신에 대한 불신

성인ADHD환자들은 자기 자신의 능력을 믿지 못하며, 이러한 자기 불신이 지속적으로 반복됨에 따라서 미래에 대한 부정적인 생각이 만들어지게 된다.

"나는 내가 원하는 것을 결코 스스로 할 수 없을 거야."

실패에 대한 믿음

환자들은 ADHD의 증상으로 인하여 학업과 직업에서 거듭되는 실패를 경험하게 된다. 이러한 과정에서 미래에 대한 패배적인 생각이 만들어진다.

"나는 기대만큼 못했어. 나는 하는 일마다 실패해왔고, 앞으로도 계속 실패할거야."

무능력하다는 판단

성인ADHD환자들은 증상으로 인해 발달의 과정에서 자신의 진정한 능력을 제대로 발휘하지 못하게 된다. 자신의 진정한 능력을 발견하지 못했기 때문에 환자들은 자신의 능력을 심하게 평가절하 하는 사고패턴을 만들게 된다.

"나는 능력이 없고 너무 어리석어서 인생의 기본적인 것조차도 제대로 해내지 못 할거야."

부적당하다는 생각

성인ADHD환자들은 가정, 학교, 직장에 적응하는데 있어 지속적인 실패를 경험하게 된다. 그 결과 환자들은 자신의 적응능력을 의심하며, 스스로를 자신이 처한 환경에 부적당한 사람이라고 생각하는 인지패턴이 만들어진다.

"나는 원래부터 모나고, 결함이 많은 사람이야. 나는 이곳에 어울리는 사람이 아니야"

불안정하다고 여김

성인ADHD환자들의 정서는 매우 불안정하다. 환자들이 자신의 환경에 적응하려 노력 할 때, 이러한 불안한 정서로 인해 불안정한 사람으로 보이게 된다. 환자들은 이러한 주변 사람들의 부정적 평가를 반복적으로 받은 결과 자신이 불안정한 사람이라고 여기는 인지패턴이 만들어 진다.

"나는 원래부터 불안정한 사람이야. 남들은 모두 나를 불안정한 사람으로 보고 있어. 앞으로도 내 인생은 항상 무질서하고 혼란스러울 거야."

2) 인지적 왜곡과 자동사고

성인ADHD환자들의 부적응적 스키마와 핵심믿음은 그들의 인지구조에 영향을 주게 되는데, 이러한 영향이 지속될 경우 결국 인지구조의 근본적인 변화를 초래하게 되는데 그것이 바로 인지적 왜곡이다. 환자들은 인지적 왜곡으로 인해 현실을 있는 그대로 합리적 관점에서 보고 판단하지 못하는 결함이 생기게 된다. 환자들은 성인ADHD의 증상에 연관될 경우 비합리적이고 주관적인 생각에 빠져서 상황에 반응하게 되는 것이다. 이러한 인지적 왜곡이 일상생활에서 빠른 시간 동안 자신도 모르게 저절로 이루어지는 것을 인지행동치료에서는 자동사고라고 부른다. 자동사고는 어떤 상황과 그에 대한 우리의 반응 사이에 끼어있는, 짧게 스쳐 지나가는 생각이나 이미지를 말한다. 자동사고는 현재의 경험과 연관된 사고의 흐름을 보여준다. 자동사고는 생각과 이미지의 익숙한 패턴으로 나타나기 때문에 대개 아무런 의문도 없이 지나가게 된다. 물론 사람들의 일반적인 자동사고는 자연스러운 것이다. 그러나 그것이 빠르게 나타나서 대개 의문 없이 지나가므로, 자동사고가 인지적 왜곡에 기반을 두고있을 경우 문제가 될 수 있는 것이다. 특히 어떤 상황이 특별히 그 개인의 부적응적인 스키마를 활성화 시킬 경우, 이때의 인지적 왜곡은 더욱 강력하게 자동사고로 작동할 수 있다. 예를 들어 길거리에서 아는 사람을 먼발치에서 마주쳐서 인사를 하게 되는 경우, 상대방이 반응 없이 그냥 간다면 인사를 한 사람은 상식적으로 그가 내가 인사하는 것을 못 들었거나 못 봐서 그런 것이라고 생각할 것이다. 하지만 그 상황에서 자동사고가 작동할 경우 상대방이 고의로 나의 인사를 무시했다고 생각하게 되어 화가 날수 있는 것이다. 물론 이때 자동사고가 작동한 이유는 인사를 한 사람의 과거의 경험과 연관된 스키마 때문일 것이다. 이때 주의해야 될 점은 성인ADHD환자들의 부정적인 사고가, 인지적 왜곡 때문이 아니라, 자신의 실수로 인한 부정적인 결과에 대한 즉각적인 해석 때문일 경우가 있다는 것이다. 예를 들면 친구와 영화를 보러 극장 앞에서 만나기로 약속을 했으나 20분 넘어 도착한 환자의 경우 "이런 늦어버렸네! 영화는 이미 시작을 해버렸고 친구는 영화 보러 들어가고 없네. 그 친구는 약속을 어긴 나에게 크게 실망 했겠지?"라고 생각했다면 그의 사고는 왜곡된 것이 아니다. 왜냐하면 성인ADHD환자들이 아닌 다른 일반적인 사람들도 그 상황에서는 그렇게 생각하기 때문이다. 하지만 문제는 그 다음에 발생한다. 이렇게 실수를 해버린 상황은 성인ADHD환자들에게는 그 동안 흔한 일이었으므로 그에게 이차적으로 자동사고가 작동하게 되는 것이다. 이러한 이차사고는 현재의 상황에 대한 경험을 넘어서는 어떤 부정적이고 파국적인 결론을 성급하게 그려나가는 것이고, 이 때문에 성인ADHD환자들은 상황에 대한 효과적인 대처를 하지 못하게 된다. 이 사례의 경우, 자동사고는 다음과 같을 것이다. "나는 실패자야! 나는 친구를 위해 아무것도 해줄 수 없는 무가치한 인간이야. 친구는 지금 분명히 나를 증오하고 있을 테지? 이제 우리의 관계는 끝이구나!" 또 한가지 오해하지 말아야 할 것은 인지행동치료는 긍정적인 사고를 유도하기 위한 의도적이고 억지스러운 노력이 아니라는 사실이다. 무조건 긍정적으로 사고하려는 것은 치료적인 것이 아니며 또 다른 인지적 왜곡을 불러올 수 있는 잘못된 편향인 것이다. 인지행동치료의 목표는 현실을 왜곡하지 않고 있는 그대로 보려는 합리적인 사고를 습득하는 것이다. 위 사례의 경우 그 환자는 먼저 스스로를 실패자로 규정하고 관계의 파국을 판단한 자동사고에서 벗어나야 한다. 그리고 친구에게 자신의 실수를 인정하고 미안하다고 사과한다면, 자신의 실수에 대한 책임을 지는 것이며, 친구와의 관계도 문제없이 지속될 수 있을 것이다. 또한 자기 스스로에게 앞으로 또 실수를 할지도 모르지만 이를 해결하기 위해 열심히 노력하면 좋은 친구를 사귈 수 있을 것이라는 미래에 대한 긍정적인 다짐을 할 수 있을 것이다. 이러한 치료적 노력을 통해 인지적 왜곡과 자동사고는 극복될 수 있다. 성인ADHD환자들에서 흔하게 나타나는 인지적 왜곡과 자동사고(Ramsay 2008, Steven 2005)는 다음과 같다.

과잉일반화

성인ADHD 환자들은 자신의 증상으로 인하여 결과 된 특수한 상황을 확대하여 일반화시키는 경향이 강하다.

> "만약 내가 면접에 입을 옷을 세탁소에 찾으러 가는 것을 기억하지 못한다면 나는 직업을 구할 수 없을 거야."

마술적 사고

성인ADHD 환자들은 자신의 문제로 오랜 기간 고통 받았기 때문에 비현실적인 해결을 바라게 되는 경향도 생겨난다.

> "내가 치료를 받는다면, 모든 문제가 즉시 해결 될 거야."

남과 비교하는 생각

성인ADHD 환자들은 타인에게 오래 동안 부정적 평가를 받아왔기 때문에 자신과 타인을 항상 비교하고 자신을 열등하게 생각하는 경향이 생겨난다.

> "나는 우리 학급에서 다른 학생들보다 훨씬 더 많은 시간을 공부해야 지금의 성적을 유지할 수 있어. 이래서는 대학에 가지 못할 거야."

공평함의 궤변

성인ADHD 환자들은 증상으로 인해 자신의 능력을 충분히 발휘하지 못한다. 그러므로 동일한 노력을 하여도 타인보다 결과가 취약하다. 성인ADHD환자들은 이를 부당하다고 느끼게 되며, 자신의 증상을 현실적으로 자각하지 못한 채 공평함에 집착하는 경향이 생긴다.

> "다른 직원들보다 이 일을 하는데 더 많은 시간이 걸리다니, 이건 분명 공평하지 않아."

흑백논리

성인ADHD 환자들은 성장기동안 부정적 평가를 끊임없이 받아오기 때문에 자신에 대해 현실적, 합리적으로 평가하지 못하고 흑백논리로 평가하는 경향이 생기게 된다. 그 결과 자신이 행한 한 가지 실수나 잘못을 자신의 전체문제로 판단하게 된다.

> "책에서는 발전하는 인간이야말로 존재할 가치가 있다고 나오는데, 나는 눈에 보이는 발전이 없으니 존재할 가치가 없는 멍청이가 분명해."

독심술

성인ADHD 환자들은 자신에 대한 평가를 타인이 자신에게 한 말이나 행동을 통해 합리적으로 평가하지 못하고, 지극히 주관적인 입장에서 짐작하는 경향이 있다. 그 결과 환자들은 타인의 말이나 행동을 왜곡하여 파악하고 이를 확신하게 된다.

> "내 동료들이 나를 신뢰할 수 없는 사람이라고 생각하고 있는 것이 분명해."

부적절한 책망

성인ADHD 환자들은 자신의 실수에 대해 지나치게 자신을 책망하는 경향이 있으며, 타인도 자신을 그렇게 책망할 것이라고 단정 짓는다.

> "또 약속을 어기다니, 나는 정말 멍청이야. 그는 나를 무책임한 인간이라고 생각하겠지. 이런 또 망해버렸어. 그는 다시는 나와 만나려 하지 않을 거야"

3) 보상적 전략

일반적인 사람들은 자신의 약점이나 결점으로 인한 영향을 극복하거나 최소화함으로써 이를 보상하려고 한다. 이는 당연한 방어적 전략이다. 하지만 성인ADHD환자들은 자신의 질환으로 인한 문제를 부적응적으로 보상을 하려는 경향을 보인다. 즉 환자들이 흔히 사용하는 보상적 전략은 처음에는 언뜻 보아 적응적으로 여겨질 수 있으나, 궁극적으로는 부적응적으로 판명되는 믿음을 유지하고 강화하는 스키마와 핵심믿음에 근거하고 있기 때문에, 실제로는 문제를 더욱 심화 시키는 결과를 초래한다. 성인ADHD 환자들이 자주 사용하는 보상적 전략들(Ramsay 2008, Steven 2005)은 다음과 같다.

미리 회피하고 꾸물거림

성인ADHD환자들은 일의 어려움을 확대하여 생각하고, 그 일을 완수할 수 있는 자신의 능력을 의심하기 때문에 적극적으로 일에 참여하기 보다는 미리 회피하려 하거나 꾸물거리게 되고, 자신의 이러한 부적응적 태도를 정당화하기 위해 끊임없이 핑계를 대고 변명을 하는 등 자기합리화를 하려고 한다.

막판 초치기

성인ADHD환자들은 일에 바로 착수하지 못하고 뒤로 미루는 습관 때문에, 드디어 일이 완성되어야 하는 마지막 순간까지도 일하지 않고 꾸물거리는 경향이 있다. 그러다가 대개 막판에 되어서야 어쩔 수 없이 조급하게 마구잡이로 일을 진행시키게 된다.

자기기만

성인ADHD환자들은 직장상사로부터 새로운 프로젝트를 맡게 되면, 일의 진행을 꾸물거리며 제대로 하지 않으면서도, 자신이 드디어 능력을 인정 받았으며, 그러므로 직장에서 가장 바쁘고 생산적인 사람이라고 여기며 자신을 속이게 된다.

거짓 유능함

성인ADHD환자들은 맡은 일에 꾸물거리는 자신을 합리화하기 위하여, e메일 체크 등 중요하지 않으면서도 하기 쉬운 일만 하려고 하고, 정작 일에 대한 보고서를 완성하는 것 등의 중요하고 어려운 일은 회피하려고 한다.

금욕주의

성인ADHD환자들은 자신의 욕망에 따라 삶을 변화시킬 수 있는 전망에 대한 지속적인 비관주의에 빠지기 쉬우며, 이로 인해 무감각하게 자신의 상황을 수동적으로 받아들이면서, 이를 합리화하기 위해 자신이 욕심이 없는 사람이라고 여기고 자칭 안빈낙도의 삶을 추구하는 금욕적인 사람이라고 생각한다.

(2) 인지행동치료의 과정

성인ADHD환자들을 대상으로 인지행동치료를 한다는 것은 어쩌면 매우 어려운 일일 것이다. 왜냐하면 환자들의 주요 증상이 인지능력과 충동조절에서의 결함이기 때문에 인지행동 치료의 과정을 적절하게 해나가기 힘들 수도 있기 때문이다. 그리고 증상이 몇몇 심한 환자들에게는 인지행동치료가 잘 맞지 않을 수도 있다(Margaret 등 2001). 성인ADHD환자들은 끈기가 매우 부족하기 때문에 처음부터 지나치게 큰 문제나 과제를 다루게 되면 치료에서 조기에 탈락할 우려가 크다. 이를 방지하기 위해서는 처음에는 작은 문제에서 시작하는 것이 좋다. 그러므로 큰 문제 보다는 상대적으로 쉽게 다룰 수 있는 현재의 증상에 초점을 맞춘다. 또한 중요한 큰 목표도, 다룰 수 있는 작은 부분으로 나누어 차근차근 진행하면 환자들이 치료에 압도되어 위축되는 것을 미연에 방지할 수 있다. 즉 인지행동치료의 시작은 지금-현재의 증상부터 초점을 맞추는 것이 좋다.

1) 인지치료

인지치료가 잘 되기 위해서 가장 중요한 것은 치료자가 환자의 스키마와 핵심믿음, 그리고 그로부터 결과된 인지적 왜곡과 자동사고를 가능한 빨리 파악해 내는 것이다. 이러한 부적응적 인지적 특성들은 환자 개개인 마다 모두 다르기 때문에 여기에서 치료자의 능력이 드러나게 된다. 치료자는 치료도중에 나오는 성인ADHD환자들의 말을 적극적으로 청취하여 그의 과거경험에서 유래된 특별한 인지적 특징들을 환자마다 개별적으로 잡아내어야 한다. 환자는 이렇게 말하곤 한다. "나는 당신이 말한 대로 못하겠어요." "나는 당신의 치료계획이 나에게 효과가 없을 것이라 생각해요." "나는 완전히 실패한 인간이에요." 이러한 환자의 말은 그가 어떻게 해서 이런 결론에 이르렀는지 치료자가 질문을 할 수 있게 해주는 치료적 계기가 된다. 그리고 환자의 부정적 생각이 형성된 과정을 알아보는 과정을 통해 그 환자의 스키마와 핵심믿음이 어떤 것인지 알 수 있게 되는 것이다. 인지치료는 아래에 소개하는 인지적 조정의 치료적 작업들을 통해 이루어지게 되는데, 이러한 치료의 과정을 통해 성인ADHD환자들은 증상과 연관된 현실적 상황에 대한 주관적, 부정적 해석을 건설적인 것으로 바꿀 수 있게 된다.

인지적 변경

인지적 변경은 말 그대로 환자의 생각을 변화시키는 것을 말한다. 이를 위해 먼저 치료자는 환자의 자동사고를 발견해야 한다. 치료자는 환자들로 하여금 자신의 생각을 상상으로 그림을 그리듯이 그려나가도록 요청하고, 그로 인한 결과들을 지속적으로 관찰해나가게 한다. 그러다 보면 환자들은 자신의 인지적 스타일이 무엇인지 어느 순간 깨닫게 된다. 그 다음에 치료자는 환자들로 하여금 증상으로 인해 자신이 힘들었던 상황을 지속적으로 기록해달라고 요청한다. 그 기록에는 힘들었던 상황에 대한 자세한 묘사와 그와 연관된 환자의 기분 그리고 그때의 생각을 함께 기록하도록 한다. 이 때 발견되는 반복되는 생각의 패턴이 바로 자동사고인 것이다. 이러한 과정을 반복하다 보면 환자들은 자동사고로 인해 어떤 부정적 결과가 초래 되었는지 거듭 숙지할 수 있다. 그 다음에 마지막으로 치료자는 환자들에게 치료를 위해서 증상과 연관된 왜곡된 자동사고를 합리적 사고로 바꾸는 연습을 시작 시킨다.

치료적 체험

인지행동치료의 핵심은 환자들이 자신의 왜곡된 자동사고를 합리적인 것으로 바꾸는 것이다. 이러한 치료적 노력은 단순히 앉아서 생각만 바꾸려 노력해서는 효과를 거두기가 어렵다. 그러므로 성인 ADHD환자들은 현실 속에서의 실제 체험을 통해서 자동사고를 바꾸는 연습을 하는 것이 치료를 위해 반드시 필요하다. 그리고 이러한 체험은 일회성에 그쳐서는 안 되며, 오랜 기간에 걸쳐서 반복되어야 효과가 있다. 환자들은 이러한 과정을 통해 자신에게 맞는 치료기술을 발전시키고 숙달하게 되는 것이다. 치료자는 치료적 경험과 치료기술의 연습을 위해 환자들에게 지속적으로 체험에 대한 과제를 내주어야 하며, 이를 정기적으로 점검하고 과제수행에서의 어려움이 있다면 그것이 무엇인지, 그것을 어떻게 해결할 것인지 함께 토론해야 한다. 환자들은 이렇게 주어진 과제를 완성하는 과정에서 실제적인 치료적 체험을 하게 되는 것이다. 환자가 치료체험을 바로 할 수 없는 사정이 있는 경우라면 치료 시에 충분한 리허설을 시키는 것이 중요하다(Steven 2005).

스키마와 핵심믿음의 변화

스키마와 핵심믿음을 변화시키는 것은 성인ADHD의 인지행동치료에서 가장 중요한 부분이다. ADHD환자들은 성인이 되기 이전의 발달기간 동안에 만들어진 부적응적인 믿음의 지속된 영향으로 인해, 새롭게 하게 되는 경험들을 이러한 믿음에 통합시키는 경향이 강하다. 그 결과 부적응적인 스키마와 핵심믿음이 지속적으로 강화되는 결과가 초래되는 것이다. 인지행동치료의 주된 목표는 이러한 부정적인 스키마와 핵심믿음을 합리적인 것으로 변화시키는 것이다. 그러기 위해서 성인ADHD환자들은 먼저 자신만의 특수한 스키마와 핵심믿음을 찾아내야 한다. 또한 좀더 깊은 수준에 있는 스키마인 자동사고도 역시 찾아내야 한다. 인지치료의 방법 중 가장 효과적인 것은 부적응적 스키마와 자동사고를 그로 인해 예상되는 상황적 결과에 화살표로 연결하고, 적응적 생각을 그로 인해 예상되는 상황적 결과에 화살표로 연결하여, 상반되는 두 가지 생각의 결과가 어떻게 다를지를 미리 예측해보는 연습을 하는 것이다. 예를 들어 타인이 자신을 비난할 것이라는 스키마 혹은 자동사고를 지닌 ADHD환자의 경우, 치료자는 먼저 환자가 자신이 지녀왔던 부적응적인 스키마를 찾아보게 한다. 아마 그의 생각에는 자신의 행동에 대해 타인이 부정적으로 바라볼 것이라는 주관적 가정이 전제되어 있을 것이며, 그것이 바로 그의 스키마라고 할 수 있는 것이다. 그런 이후에는 그렇게 생각한 결과 그에게 어떤 결과가 나타났는지 생각해보게 한다. 그는 기분이 나빠졌으며, 자신을 자책하게 되었고, 그 결과 그의 자존감은 더욱 낮아졌을 것이다. 이제 그에게 치료적 방향으로 다시 한번 생각해 볼 기회를 준다. 그는 이렇게 하여 예전의 스키마를 이제는 다른 방식으로, 즉 합리적 생각으로 바꾸어 보는 연습을 하게 되는 것이다. 그는 이제 타인이 자신을 부정적으로 비난할 것이라는 생각은 자신의 주관적 가정일 뿐 사실과는 다를 수 있다는 것을 깨달을 수 있을 것이다. 사실이 어떤지는 현실적으로 확인해보지 않았기 때문에 아직 모르는 것이므로 주관적인 억측을 하는 것은 비합리적이라는 것을 그는 알 수 있게 되는 것이다. 그는 이렇게 생각하니 기분이 별로 나쁘지 않았고, 앞으로 타인에게 정말로 긍정적인 평가를 받기 위해 노력을 해보고 싶은 욕구마저 생겨났다. 그가 두 가지 다른 방향으로 생각을 했을 때 나타난 결과는 정 반대로 다르다는 것을 성인ADHD환자들은 결정적으로 깨달을 수 있게 되었다. 이제 환자들은 자신의 주관적 사고 즉 스키마로부터 한걸음 물러나 자신의 생각을 객관적으로, 합리적으로 볼 수 있게 된다. 항상 화살표로 두 가지 생각의 방향을 나누어 그 결과를 미리 예측해 보는 인지적 훈련을 통해 환자들은 자신이 지녀왔던 부적응적 스키마와 자동사고를 효과적으로 변화시킬 수 있다.

2) 행동치료

행동치료의 목적은 환자들에게 새로운 문제해결의 실제적 기술을 습득하게 만들고, 이 기술을 활용하여 이전부터 지속되어온 문제를 해결하는 과정을 통해 지속적으로 새로운 체험을 하게 만드는 것이다. 이러한 행동치료의 목표는 성인ADHD환자들의 사회적 기능을 개선시키고, 이들의 믿음체계의 역전시킴으로써 새로운 체험을 할 수 있도록 도와주는 것이다. 행동치료의 영역은 여러 가지 인데, 환자들마다 각자가 처한 특수한 상황이 다르기 때문에 치료의 영역도 달라지게 된다. 예를 들어 시간관리가 주요 문제인 경우도 있고, 일의 체계화가 문제인 환자도 있는 것이다. 행동치료는 각 환자의 특수한 문제들에 특유한 치료들을 집중적으로 맞추어 주는 것이 중요하다. 다음에 소개하는 것은 행동치료의 가장 중요한 요령들이다.

꾸물거림 줄이기

성인ADHD 환자들의 부적응적 보상전략 중, 가장 흔하게 자기 파괴적인 기능을 하는 것은 바로 '꾸물거리는 것'이다. 이것은 지금 시작해야 할 일을 자꾸만 뒤로 미루고 지연시키는 것을 말한다. 이런 행동은 일을 뒤로 미루면 미룰수록 더욱 더 시작하기 어려워지는 악순환을 초래하는 경우가 많다. 그래서 일은 결국 항상 막판 데드라인까지 밀리게 되는 것이다. 이러한 '꾸물거림'을 극복하는데 가장 효과적인 해결책은 행동을 활성화시키는 것이다. 또한 행동 활성화 전략 중 가장 중요한 것은 일을 여러 조각으로 나누어 진행하는 것이다. 성인ADHD환자들은 일을 한꺼번에 몰아서 처리할 수 있다는 마술적 생각에 빠져 있으며, 그런 환상은 결국 항상 실패로 귀결되고 마는데, 그 이유는 막상 일을 시작하려 하면 환자들은 일의 분량에 압도되어 도망치고 말기 때문이다. 그러므로 성인ADHD 환자들은 일을 결코 한꺼번에 할 수 없다는 것을 반드시 깨달아야 한다. 그래서 일을 작은 조각으로 나누어, 부담 없이 시작할 수 있도록 준비하는 것이 필요하다. 성인ADHD환자들에게 '꾸물거림'을 극복하게 만들 수 있는 또 다른 유용한 해결책은 '티끌 모아 태산' 전략이다. 학습의 경우를 예로 들어보자. 공부를 할 때 하루 중에 그때그때 생각날 때마다 5페이지, 10페이지 등을 정해놓고 공부하는 습관을 들이면 좋다. 이렇게 하다 보면 시간이 경과함에 따라 그 동안 학습해온 작은 분량들은 점점 더 커지게 되며, 한꺼번에 많은 분량을 시작하려고 할 때보다 결과가 눈에 확 띠게 달라지는 것은 체험할 수 있다. 일을 할 경우라면 10분간만 일하고 잠깐 휴식하는 패턴을 하루에 여러 차례 반복하면 좋다. '더도 말고 딱 10분간만 일하자'고 생각하게 되면, 짧은 시간으로 인해 성인ADHD환자들이 부담 없이 집중하려고 노력할 수 있는 동기가 생기게 된다. 이런 10분들이 모이다 보면 자신도 모르는 사이에 큰 분량이 되어버리는 것이다.

시간관리

성인ADHD환자들은 시간관리에 큰 결함을 안고있다. 그들이 시간관리를 잘 못하는 이유는 도대체 시간이 얼마나 지났는지를 잘 느끼지 못하기 때문이다. 또한 맡은 업무에 걸리는 시간을 잘 계산하지 못하며, 스케줄을 잡는데 서투르고, 무슨 일을 먼저 해야 하는지 결정하는 우선순위의 기술이 너무나 부족하기 때문이다. 그러므로 성인ADHD환자들이 시간관리를 잘하려면 우선 스케줄을 도와주는 다양한 시스템을 적극적으로 활용할 필요가 있다. 예를 들자면 약속을 적어놓는 작은 수첩을 항상 지참하고 다닌다던가, PDA같은 전자기기에 친숙해져, 이를 요긴하게 활용할 수 있어야 한다. 하지만 대부분의 성인ADHD환자들은 그런 것에 별 관심이 없는데, 그 이유는 다른 사람들이 그런 것을 이용하지 않고도 잘 지낸다고 생각하기 때문이다. 그러므로 시간관리에 대한 행동치료는 환자들로 하여금 이러한 스케줄관리도구들을 충분히 그리고 잘 활용할 수 있도록 훈련하는 것이다. 환자들로 하여금 항상 그것들을 소지하고 다니면서 그것에 약속이나 기타 여러 메모들을 쓰는 습관을 들이도록 만들어야 한다. 그 결과 환자들이 시간관리를 잘하게 되어 기분 좋은 치료적 경험을 하게 되면 누가 시키지 않아도 삶의 다른 분야에도 이런 방법을 응용하여 사용하게 된다.

체계화의 기술

주어진 업무를 능숙하게 잘 진행하는 베테랑 회사원들을 살펴보면, 한가지 공통점이 눈에 뜨인다. 그것은 그들이 일을 체계적으로 처리하는데 탁월한 능력을 지니고 있다는 것이다. 하지만 성인ADHD환자들은 이렇게도 중요한 체계화의 기술이 너무나도 부족하다. 물론 환자들은 체계화의 필요성을 머리로는 잘 알고 있다. 문제는 그것을 실천하지 못한다는 데 있다. 환자들 중의 일부는 이론적으로는 체계화의 방법론에 해박한 지식을 지닌 경우도 있어, 종종 타인에게 이를 가르치기도 한다. 하지만 중이 제 머리를 못 깎는 식으로, 정작 자기 스스로에게 그 방법을 적용하여 쓰지 못하는 것이 문제이다. 그 이유는 환자들이 체계화를 흑백논리적인 생각으로 바라보기 때문이다. 즉 그들은 체계화의 욕구를 절감하고 있다가도, 일에 압도되면 즉시 그것을 포기하고 자신이 체계화 능력이 없는 사람이라고 극단적으로 평가절하 해버린다. 그러므로 체계화의 첫 걸음은 일을 작게 시작하고, 한 가지 일에만 끝낼 때까지 집중하는 것이다. 체계화의 다음단계는 매일 사용하게 되는 집 열쇠, 자동차 키, 잔돈 등을 두는 일정한 하나의 장소를 마련하여 언제든지 쉽게 찾을 수 있도록 준비하고, 매일 쏟아져 들어오는 e메일을 분류하여 저장하는 것이다. 물론 환자들은 처음부터 이러한 과정을 잘 할 수는 없을 것이다. 그들은 필경 지속적으로 실수를 저지르게 된다. 그런데 문제는 이 때 그들이 자신의 반복되는 실수를 개인적인 실패로 확대 해석하여 단정짓고는 체계화 전략이 자신에게 효과가 없다고 쉽게 판단해 버리는 경향에 있다. 그러므로 치료자는 이를 방지하기 위하여 성인ADHD환자들에게 이러한 실수의 과정이 정상적인 치료 과정 중 일부분이라는 것을 누차에 걸쳐 충분히 납득하도록 설득하는 것이 매우 중요하다.

환경 조정

성인ADHD환자들은 너무나 산만하기 때문에 주위환경에서 발생하는 시각, 청각, 촉각 등 모든 감각자극에 매우 민감하다. 그들은 일을 하다가도 약간의 소리라도 나면 곧바로 주의력이 분산된다. 충동조절이 안 되는 환자의 경우, 주어진 일을 하려고 책상에 앉았더라도 잠시 후에는 TV를 켜거나 e메일을 체크하고 있는 자신을 곧 발견하게 된다. 그러므로 성인ADHD 환자들의 주의력을 분산시키는 환경적 자극들을 최대한 줄이는 것이 치료에 중요하다. 또한 환자들이 각자 처한 환경은 모두 다르기 때문에 환경조정은 환자 개개인의 상황에 맞추어 진행하는 것이 바람직할 것이다. 이렇게 환경을 조정해나가는 과정에서 체계화 및 시간관리 등과 연관된 또 다른 과제들이 등장하게 된다. 각 개인에 걸 맞는 환경조정의 치료전략은 그것이 아무리 특별하다고 할지라도 전체적인 치료도구 중의 하나라는 관점에서 볼 필요가 있다. 즉 약물치료나 다른 인지행동치료의 전략들이 모두 함께 시행되어야만 진정한 치료효과가 발생하게 되는 것이다. 이를 벗어난 마술적인 치료법은 결코 세상에 존재하지 않는다.

5. 부부치료와 가족치료(marital therapy & family therapy)

성인ADHD환자들은 증상으로 인해 일상에서 많은 어려움을 겪게 되는데 대인관계도 물론 예외는 아니다. 또한 이러한 대인관계의 결함이 환자들에게 가장 심각한 피해를 주는 영역은 바로 가족관계 이다. 미국의 경우 성인 ADHD환자들이 일반 사람들에 비해서 이혼과 재혼을 더 많이 하며 현재의 결혼생활에도 만족도가 더 떨어지는 것으로 보고되고 있다(Barkley 2006). 대개의 환자들은 증상의 폐해에 오랫동안 시달린 결과 자기자신마저 잘 믿지 못하는 경향이 생기게 된다. 이러한 자기신뢰감의 결핍으로 인해, 그들의 자존감은 극도로 낮은 상태에 있게 되고 그들이 실수를 지속적으로 저지를수록 자존감은 더욱더 땅에 떨어진다. 그래서 환자들은 무엇보다 먼저 결혼과 가족생활에 어려움을 안게 되는 것이다. 원래 가족은 누구보다도 잘 환자를 이해할 수 있는 처지에 있고, 누구보다도 더 잘 환자를 지지하고 보호해줄 수 있는 위치에 있다. 그리고 환자들도 자신의 약점을 보완해줄 누군가를 자신의 주변에서 찾게 된다(Thomas 2005). 그러나 실제로는 전혀 다른 양상이 나타난다. 유감스럽게도 성인ADHD환자들은 다른 사람에게 보다 가족들에게 가장 먼저 부정적 평가를 받게 되고, 따돌림을 받는 경향이 있다. 이러한 상황이 발생하는 이유는 가족들이 환자들의 증상을 가장 가까운 거리에서, 가장 강도 높게 감당해야 하기 때문이다. 즉 가족들은 누구보다도 먼저 환자의 증상에 지치게 되고, 개선의 노력을 포기하게 된다(Adler 2006). 성인ADHD환자들이 가족이나 배우자와 밀접한 접촉을 하게 될 때, 항상 의사소통에서의 오해가 발생하고 결국 마음에 상처를 입게 된다. 처음에 환자의 가족과 배우자는 그의 어려움을 도와주려 노력하지만 시간이 지남에 따라 그것에 실패하고 실망하게 된다. 환자의 가족들은 환자의 실수를 끊임없이 뒷처리 해야 하는 딱한 처지에 놓이게 되고, 결국 환자를 향해 책망하는 쪽으로 그들의 태도가 바뀌게 되는 것이다. 환자들은 가족들이 자신을 포기하지 않기를 간절히 바라고 있으나, 그들이 점차로 자신을 단념하는 것을 뼈저리게 느끼게 된다. 어떤 성인ADHD환자들은 눈치 없게도 종종 자신의 증상과 그로 인한 심각한 결과를 잘 알아차리지 못하는 경우가 있는데, 이 때문에 환자들의 이혼율이 다른 일반 사람들의 두 배에 이르고 있는 것이다. 부부치료와 가족치료는 이런 상황의 저변에 깔린 어려운 감정들을 수면위로 끌어낼 수 있는 효과적인 치료 방법이다. 성인ADHD환자들의 치료에 가족들과 배우자를 참여 시키게 되면, 이들이 환자의 질환에 대해 객관적, 의학적으로 더 잘 이해할 수 있게 된다. 이런 노력의 결과는 놀라운 것일 수 있다. 가족들과 배우자는 환자의 문제를 다른 각도에서 보게 되고, 환자에 대해 책망하는 일이 현격하게 줄어들게 된다. 부부치료와 가족치료의 과정을 통하여 가족들과 배우자는 환자를 책망하는 것이 전혀 건설적인 방법이 아니며, 오히려 상황을 악화시킨다는 사실을 알 수 있게 되는 것이다. 치료의 진행에 따라 치료자는 관심을 환자에서 가족이나 배우자로 돌려서, 환자와 가족들 사이의 인간관계의 문제가 단지 환자 때문만이 아니라 가족이나 배우자의 이해심 부족과 참을성 부족에도 연관되어 있다는 것을 알 수 있게 도와준다. 문제에 대한 책임을 환자와 가족들이 서로 나누고 공유하는 과정에서 집단적인 치유의 과정이 시작되는 것이다. 다음은 가족치료의 효과적인 진행을 위하여 필수적인 사항들이다.

(1) 질환이 환자에게 어떻게 영향을 주는지 가족들이 알게 한다.

가족치료의 시작에서 가장 중요한 것은 그들을 교육하는 것이다. 종종 그들은 놀랍게도 성인ADHD에 대하여 잘 모르고 있는 경우가 태반이다. 가족들은 교육을 받은 뒤 비로소 환자를 객관적으로 볼 수 있게 된다. 환자의 행동이 증상으로 인한 것이며 그의 성격과는 상관이 없다는 것을 그들은 이제야 이해할 수 있다. 또한 환자의 행동이 일부러 그런 건이 아니라 자신도 모르게 증상으로 드러났던 것이라는 사실도 이해할 수 있게 된다.

(2) 질환이 변명의 구실이 되지 않도록 한다.

성인ADHD환자들은 실수를 많이 저지른다. 그런 과정에서 자연스럽게 생기는 버릇이 있다. 그것은 직장사람이 아닌 가족들에게 자신의 실수에 대해 관대할 것을 지나치게 요청하는 습관이다. 하지만 가족들도 결국 지치게 되며, 가까운 사람과의 대인관계에서 생기는 문제들은 환자의 정서에 큰 치명타를 날리게 된다. 그러므로 환자들은 자신의 질환이, 그리고 질환으로 인한 증상이 절대로 변명의 구실이 되지 않도록 주의해야 한다. 환자가 자신의 증상을 이해하는 것은 중요한 사항이지만, 질환으로 인한 자신의 실수를 타인에게 받아들이라고 강요할 수는 없는 노릇이다.

(3) 질환에 대한 여러 정보들을 동등하게 공유 시킨다.

가족치료에서 중요한 것은 환자와 가족들이 동등하게 치료정보를 공유해야 한다는 것이다. 환자만 지나치게 많은 정보를 알고 있다면 가족들이 치료에 보조를 맞추기가 어려울 것이다. 반대로 가족들이 환자보다 너무 많은 정보를 알고 있다면 환자는 가족들의 도움을 간섭이라고 오해하게 될 것이다. 그러므로 동등한 치료정보의 공유가 가장 바람직하며, 환자에 대한 의학적 교육은 가족에 대한 교육과 병행하는 것이 좋다. 가족들의 도움은 직장 동료의 도움보다 근본적으로 훨씬 더 중요하다. 왜냐하면 환자의 정서적 안정과 자존감의 원천이 바로 가정이기 때문이다.

(4) 가족 중에 성인ADHD환자가 또 있다면, 공동의 프로젝트를 만든다.

주의력결핍/과잉행동장애(ADHD)는 유전성이 높은 발달장애 이므로 환자의 가족 중에 환자와 유사한 문제로 고생하는 사람이 있을 가능성이 높다. 이들은 동일한 문제를 안고 있으므로 서로 이해와 협력이 빠르며, 다른 가족들도 두 사람이 공동으로 노력하는 것이 한 사람만 치료하는 경우보다 가정의 화목과 안정에 월등하게 더 효과가 있음을 알게 된다. 그러므로 성인ADHD로 진단 받은 환자의 가족 중에 ADHD로 진단 받을 수 있는 사람이 또 있는지 치료초기에 자세히 검토하는 것이 향후의 효과적인 치료의 진행을 위해 매우 중요하다. 가족 중에 질환을 지닌 또 다른 사람이 발견되면 치료자는 두 사람을 동시에 치료하는 것으로 치료방침을 바꾸어야 하며, 공동의 치료 프로젝트를 만들고 이를 진행한다.

(5) 가족들은 치료를 지속시키는 가장 훌륭한 조력자이다.

성인ADHD환자에 대한 치료가 본격적으로 시작된 이후에는 이러한 치료구조를 지속적으로 유지하는 것이 보다 중요해진다. 특히 환자의 일상생활을 지도감독 할 코치의 역할은 치료의 생활화, 그리고 치료의 지속에 있어 절대적인 것이다. 가족들은 환자가 약물치료, 정신치료, 인지행동 치료 등을 전문가에게 받을 수 있도록 격려해주고 지지해 주는 역할을 함으로써 환자의 치료에 큰 도움이 된다. 가족들은 더 나아가 환자를 위해 코치의 역할마저 해줄 수 있다. 성인ADHD환자들은 코치를 구하기가 어렵거나 비용문제로 코치를 고용할 수 없을 경우에는 가족 중의 한 사람을 코치로 정하여 치료에 대한 도움을 받을 수 있다. 가족들이 코치의 역할을 하게 되는 경우, 한 사람이 전담하여 하는 경우도 가능하고 여러 사람이 힘을 모아 함께 생활지도를 진행할 수도 있다. 어떤 것이 좋은 지는 환자 개개인의 성향과 그가 처한 가족환경에 따라 달라지게 된다. 가족치료를 진행하는 치료자는 이러한 사항들에 대하여 환자 및 가족들과 의논해야 하며, 그들의 특수한 상황에 맞는 적절한 조언을 해줄 수 있어야 한다.

제6장
성인주의력결핍/과잉행동장애의 자조치료

성인ADHD환자들은 삶의 거의 모든 영역에서 증상의 위협을 받는다. 성인ADHD로 인한 증상들은 환자들의 학업, 직업생활, 결혼생활 등에 전방위적으로 부정적인 영향을 미친다. 성인ADHD 환자들에 대한 치료는 기본적으로 약물치료와 심리치료를 병행하는 것이 가장 효과적이다. 하지만 환자가 치료기관을 쉽게 방문할 수 없는 상황에 있거나, 약물치료와 심리치료로 제거하지 못한 생활의 미세한 부분들에 습관으로 스며들어있는 자잘한 증상들은 환자 스스로가 자조(self-help)적으로 치료하려는 노력으로 극복하는 것이 중요하다. 여기서 소개하는 자조치료의 기법들과 조언을 꾸준히 실천함으로써 환자들은 성인ADHD의 일상적 증상들을 보다 효과적으로 제거할 수 있을 것이다.

1. 직장에서의 어려움

(1) 주의력 결핍과 산만함

산만하다는 것은 집중력이 일시적으로 저하된 상태를 말하는 것으로 누구나 일상생활에서 어느 정도는 주위환경과 자신의 컨디션에 따라 경험할 수 있는 현상이다. 하지만 일반인이 성인ADHD환자들과 다른 것은 산만해진 뒤에 다시 집중할 수 있는 상태로 복귀하는 시간이다. 성인ADHD환자들은 일반인에 비해 다시 집중력을 회복하는 것이 매우 어렵고 그 시간도 상당히 오래 걸린다(Nancy 2008). 이로 인해 주의력 결핍과 산만함은 성인ADHD환자들이 일상과 직업생활에서 겪게 되는 가장 대표적인 어려움이 되었다. 환자들은 한편으로 '정신적 나비'라 불리기도 하는데 그 이유는 주의집중이 마치 나비가 이 꽃에서 저 꽃으로 계속 옮겨 다니듯이, 환자들의 집중대상이 계속적으로 변하기 때문이다. 여기서의 환자들의 산만함은 집중력의 4가지 부문에서 문제가 발생함을 말한다. 그것은 집중해야 할 올바른 자극을 '선택'하는 것, 집중력을 충분한 시간동안 '유지'하는 것, 연관된 자극들 사이에서 집중력을 적절히 '분산'하는 것 그리고 다른 자극으로 집중의 초점을 '옮기는' 것을 말한다(Kate와 Peggy 2006). 이러한 문제들을 단번에 해결할 수는 없겠지만 환자들이 현장에서 스스로 노력해 볼 수 있는 효과적인 조언들을 따라 해본다면, 이것만으로도 그들은 많은 도움을 받을 수 있다. 먼저 환경으로 인한 산만함을 줄이는 것이 중요하다. 왜냐하면 성인ADHD환자들은 조그만 주위의 자극에도 쉽게 집중력이 흩어지기 때문이다. 특히 소음은 성인ADHD환자들에게는 마치 천적과도 같은 역할을 한다. 소음으로 인해 환자들은 주의력을 심각하게 상실하게 될 뿐 아니라 신경질과 짜증이 나는 등 정서적으로 급격하게 불안정해지기 때문이다(Kate와 Peggy 2006). 이런 문제가 생기지 않도록 하려면 가장 우선적으로 소음에 대한 대책을 먼저 세워야 한다. 만약 사무실에서 일하는 시간을 조정할 수 있다면 작업시간을 산만한 자극이 가장 없는 시간대로 이동시킨다. 직장환경이 너무나 시끄럽다면 집에서 일을 하는 파트타임 직업이나 프리랜서로 전환하는 것도 생각해 볼만하다. 특히 인터넷 쇼핑이 대유행하고 있는 요즘에는 소규모로 인터넷 쇼핑점을 운영해 보는 것도 좋을 것이다. 학생의 경우 작은 소리에도 민감하다면 주의를 산만하게 만드는 소리들을 차단하기 위해 헤드폰을 사용 해본다. 또한 팬 또는 소음을 발생시키는 기계 등에 소음 작업을 하고 여건이 가능하다면 개인 사무실을 구해서 일한다. 개인사무실의 위치는 반드시 차가 많이 다니지 않는 조용한 곳으로 고른다. 개인사무실을 마련하기가 어렵다면 소음을 최대한 흡수하는 이동식 사무실 칸막이를 구해서 설치한다(Kathleen 1997). 그리고 혼자 하는 일이 아니고 동료와 함께해야 하는 경우라면 일하는 습관상 가장 산만한 특징이 없는 조용한 성격의 동료를 구한다. 여러 명이 쓰는 큰 사무실에서는 자신의 책상을 사람들의 이동이 많은 사무실 문으로부터 가장 멀리 떨어뜨리는 것도 한 방법이며 일 하기 전에는 책상을 정리하는 습관을 들이고, 일할 때는 보다 나은 집중을 위해 인터넷을 닫고, 라디오를 끄는 것이 좋다(Steven 2005). 성인ADHD환자들은 새로운 아이디어들이 자주 떠오르는 것이 장점이자 단점이다. 아이디어가 많은 것은 환영할 일이지만 떠오르는 아이디어 때문에 하고 있던 일이 중단되고 주의가 분산되기 때문이다. 그러므로 이를 해결하기 위해 창조적인 아이디어들이 떠오를 경우, 즉시 이를 적어놓는 습관을 들이는 것이 중요하다. 이렇게 해서 축적된 창조적 아이디어들은 나중에 환자들의 훌륭한 지적재산이 된다. 성인ADHD환자들은 까맣게 잊고 있었던 일이나 약속이 갑자기 생각나는 경우가 많다. 이렇게 기억이 다시 살아나는 것은 반가운 일이지만 그로 인해 하고 있던 업무가 일시적으로 중단되고 주의가 산만해진다. 이를 해결하려면 일일계획표를 활용하는 것이 도움이 된다(Kathleen 1997). 이 계획표에 모든 일과 약속들을 적어 놓는 습관을 들이면 기억이 갑자기 다시 살아나 업무에 방해가 되는 것을 방지할 수 있다. 성인ADHD환자들은 일반사람보다 공상에 빠지는 시간이 훨씬 더 많다. 이렇게 자주 공상에 빠지다 보면 업무에 지장을 받게 되는 것은 당연한 일이다. 이를 해결하기 위해서 가장 중요한 것은 업무가 지루하지 않아야 한다는 것이다. 업무를 마음대로 선택할 수 없는 상황이라면 일을 가능한 더 재미있게 하려고 노력해야 한다. 일에 흥미가 붙을수록 공상은 점점 더 줄어들게 된다.

(2) 초과집중

성인ADHD환자들은 주의가 산만하고 집중력이 부족한 것이 큰 단점으로 나타나지만, 항상 그런 것만은 아니다. 놀랍게도 환자들은 자신이 좋아하거나 흥미를 느끼는 일에 대해서는 오히려 다른 사람들보다 훨씬 더 강하게 오랫동안 집중할 수 있다. 그들은 흥미가 없는 일들에 너무나 집중이 안 되는 것이 문제인 것이다. 이렇게 성인ADHD환자들은 역설적으로 종종 지나치게 한 가지에 집중하는 초과집중 상태에도 빠지게 된다(Jennifer 2007). 이러한 초과집중 상태에서는 일의 능률이 엄청나게 상승하므로 좋은 결과가 나올 것이다. 그러나 유감스럽게도 그것 때문에 손해를 보는 측면도 발생한다. 왜냐하면 초과집중을 하느라 일일스케줄이 엉망이 되어버리기 때문이다. 초과집중이 발생하는 것은 뇌의 주의력 시스템이 정상적으로 작동하고 있지 못하다는 것을 의미하는 것이다(Judith 2002). 초과집중상태에서 일할 때 성인ADHD환자들은 다른 것이 전혀 안중에 들어오지 않기 때문에 회의시간이나 여러 약속들을 까맣게 잊어버린다. 이를 해결하기 위해서는 초과집중을 위해서 반드시 자신이 좋아하는 일을 선택하고, 그 일에 완전히 일에 몰두할 수 있도록 다른 활동을 안 해도 되는 환경을 만드는 것이 좋다(Kathleen1997). 그런 환경을 선택하기 어려운 상황이라면 자신에게 '이제 그만 중지하자'고 외치며 즉시 그 일을 중단하는 습관을 들이는 것이 좋다. 그리고 시간계획표를 만들 때 초과집중 할 시간에 회의약속 등으로 방해 받지 않도록 시간배정을 해도 도움이 된다.

(3) 충동성

충동성이란 뇌의 자기억제 능력에 결함이 있는 것을 말한다. 즉 어떤 상황에서 자동으로 이성적인 반응 보다는 감정적으로 반응하는 것을 말한다(Nancy 2008). 성인 ADHD환자들은 매우 충동적이다. 이러한 특성으로 인해 그들은 앞뒤를 따져보지도 않고, 결과를 미리 예측해보지도 않고 어떤 일에 뛰어들거나, 어떤 결정을 해버린다(Kate와 Peggy 2006). 그러므로 이러한 충동성은 종종 환자들에게 손실을 초래하며, 중요한 상황에서는 심지어 파괴적일 경우도 있다. 성인ADHD환자들은 또한 결혼, 이혼, 출산, 직업변경 등 인생의 중요한 결정을 충동적으로 쉽게 내려버린다. 그들은 일하다가 어려운 상황에 처하게 되면 충분한 시간동안 해결책이나 대안책을 찾지 못하고 조바심을 내다가 충동적으로 그 일을 그만두는 경우가 많다. 이렇게 충동성은 성인ADHD환자들에게 조금도 이익이 되지 못하며, 지속적으로 손실과 비능률을 초래하게 만드는 원인이다. 또한 일을 시작하기 전에 준비나 계획 없이 무작정 충동적으로 덤벼드는 경우, 실수와 혼란을 막을 수 없는 것이다. 이러한 충동성의 문제를 해결하기 위해서 무엇보다 중요한 것은 어떤 결정을 하기 이전에 단 한번만이라도 생각을 정리해 보는 시간을 갖는 것이 필요하다. 직업선택의 경우 자신이 직업을 통해 무엇을 진정으로 원하고 있는지를 한번만 더 생각해 보는 것이 좋다. 또한 선택하려는 직업이 자신에게 잘 맞는지 심사숙고해서 분석하고 또 분석해본다. 당장 급하게 일을 해야 되는 경우라면 일단 임시직원이나 인턴사원으로 일하면서 그 일을 잘 살펴보고, 정말 자신에게 맞는지를 충분히 생각하는 것이 좋다. 직업을 바꾸고 싶어지는 경우, 그 다음 하게 될 직업에 대해 충분히 생각해보는 시간을 갖는다면, 아마 충동적으로 쉽게 현재 하는 일을 그만두지는 못할 것이다. 충동적으로 승낙하는 것이 문제인 환자의 경우에는 아무런 생각 없이 자동으로 "네"라고 말하지 말고 "저도 그렇게 하고 싶습니다, 하지만 일단 앞으로의 일정을 먼저 보고, 문제가 없다면 결정하겠습니다."라고 말하는 습관을 들이는 것이 도움이 된다(Kathleen 1997). 그렇게 말하는 습관은 당신을 잠깐이라도 정지시키고 숨을 돌릴 수 있게 하는 작용을 해줄 것이다. 성인ADHD환자들이 이렇게 심사숙고할 시간을 조금이라도 더 갖게 되면 언제나 훨씬 좋은 결정을 할 수 있게 될 것이다. 하지만 환자들이 충동성을 다루는 새로운 습관에 익숙해지기까지는 많은 시간이 필요하다. 그러므로 치료의 과정에서도 충동성으로 인한 실수가 얼마든지 일어날 수 있다. 이러한 실수들을 치료적으로 다루는 방법을 익힌다면 유용할 것이다. 즉 만약 실수로 이미 충동적으로 행동해버렸다면, 예를 들어 잘못 판단해서 어떤 약속이나 결정을 이미 해버렸다면, 체면을 구기거나 창피하더라도 그것을 즉시 취소하는 습관을 들이는 것이 필요하다.

(4) 과다행동

성인ADHD환자들은 항상 실속 없이 분주하고 바빠보인다. 그렇게 보이는 이유는 그들의 과다행동 증상 때문이다. 이런 특성 때문에 그들은 활동적인 일을 선호하는 경향이 많다. 하지만 환자가 대학을 졸업하여 기업체에 입사를 하였다면 대개의 화이트칼라 회사 일 들이 그렇듯이 유감스럽게도 주로 하루종일 앉아서 하는 일을 하게 된다. 하지만 과다행동이 있는 환자의 경우 그런 환경에 결코 맞지 않는다. 성인ADHD환자들은 가만히 조용히 앉아있지 못한다. 그들은 무엇인가를 툭툭 치고 있거나, 의자에서 일어나 이리저리 걷거나, 우왕좌왕 헤매는 행동을 보이기도 한다. 이런 행동을 직장의 다른 동료들이 보게 된다면 부정적으로 해석할 소지가 다분히 많다. 뭔가 일에 집중하지 못하고 불안정하며 성의가 없어 보일 수도 있다. 게다가 만약 일이 급하게 바쁜 와중에서 성인ADHD환자들이 그런 행동을 보인다면 동료들에게 큰 좌절감과 실망을 주고, 결국에는 화가 나게 만들 것이다. 이런 문제를 해결하려면 일부러 활동적으로 움직이는 노력이 필요하다. 예를 들어 회의 중에 노트필기를 함으로써 일부러 손을 움직인다면, 이것은 활동을 하게 해줄 뿐만 아니라 집중력도 높여주는 일석이조의 효과가 있을 것이다(Kathleen 1997). 또는 앉아서 하는 일을 하다가 좀이 쑤시는 경우, 일부러 움직임이 필요한 일을 하면 된다. 일과 연관된 의논을 하러 다른 부서 사람을 만나러 간다든지, 우편물을 가져오거나, 복사할 것을 들고 복사기로 가서 작업한다. 점심식사 시간에는 훨씬 더 많이 움직여 주는 것이 좋다. 식후에는 쉬려 하지 말고, 가급적이면 격렬한 운동을 충분히 하는 것이 도움이 된다. 일을 하는 도중이라도 한 시간이나 30분마다 짧게 가벼운 운동을 해주면 좋다. 회사 안이라면 엘리베이터를 타지 말로 반드시 계단으로 걸어 다닌다. 이렇게 조금이라도 더 몸을 움직이려고 노력하면 과다행동이 줄어들게 된다. 일이 끝난 후에는 피곤하더라도 좋아하는 종목을 하나 정해놓고 규칙적으로 운동을 하는 것이 도움이 된다. 또한 심하게 안절부절 못하는 성인ADHD환자들의 경우에는, 아쉽지만 사무직보다는 몸을 많이 움직이는 종류의 일을 하는 것이 좋다. 예를 들자면 직업으로는 영업직, 판매직, 건설 현장일, 산림관리직, 소방수, 119구급대원 등이 추천되고, 아르바이트로는 서빙하는 일 등이 좋다. 그리고 가급적 지루함을 최소화하고 몸을 움직이거나 운동할 시간을 많이 확보하기 위해서 풀 타임 보다는 파트타임 일을 하는 것도 생각해 볼 필요가 있다. 과다행동은 단지 신체적인 것만을 의미하지는 않는다. 정신적인 과다행동도 있을 수 있다(Jennifer 2007). 이는 환자들이 현재 논의되는 주제보다 훨씬 더 앞서 나아간 내용을 대화중에도 벌써부터 미리 생각하고 있는 경우를 보면 확인할 수 있다. 하지만 몸을 가만히 두고있지 못하는 과다행동은 청소년기ADHD의 주된 증상이며 어른이 되면 다른 양성으로 바뀌는 경향이 있는데, 그것은 말을 너무 많이 한다는 것이다. 성인ADHD 환자들은 숨을 멈추지 않을 정도로 계속해서 떠드는 경향이 있으며 말의 속도도 엄청나게 빠른 경우가 많은데, 이것이 바로 과잉행동의 한가지 양상인 것이다(Kate와 Peggy 2006).

(5) 쉽게 권태를 느낌

성인ADHD환자들은 말 그대로 쉽게 권태를 느낀다. 그런 이유는 그들이 변덕이 심해서가 아니라 단지주의집중력이 부족하기 때문이다. 특히 그들은 반복되는 일에 매우 취약하다. 그렇기 때문에 조금이라도 일이 단조로워지면 즉시 주의력이 약해지고 분산된다. 그러므로 성인ADHD환자들은 먼저 자신이 일할 때 지루하지 않게 버틸 수 있는 최대의 시간이 어느 정도인지 측정해서 알아야 한다. 그리고 그 시간의 범주를 넘지 않도록 시간계획표를 짠다. 예를 들어 최대로 10분까지 버티는 환자라면, 10분간 일하고 휴식을 취한다음에 또 다시 10분을 일하는 형식이 좋다(Steven 2005). 그리고 성인ADHD 환자들이 계속 집중력을 유지하려면, 이들을 지루하고 단조롭지 않게 해주는 어떤 자극이 지속적으로 필요한 것이다. 이를 해결하기 위해서는 먼저 함께 일할 동료를 선택할 때, 권태에 강한 사람과 팀을 맞추는 것이 필요하다. 그래서 지루하고 권태가 쉽게 생기는 일은 그 사람이 주로 맡도록 부탁하고, 본인은 변화가 많고 자극적이고 활동적인 업무를 담당하도록 일을 분담하면 서로에게 도움이 될 것이다(Kathleen1997). 혼자서 해야 하는 일이라면 가급적 변화가 많고 다양한 경험을 할 수 있는 일을 구해서 권태를 예방하는 것이 중요하다. 특히 사무적인 일은 권태를 쉽게 불러오므로 문서작업이 가장 적은 일을 구하는 것도 필요하다. 반드시 사무작업이 필요한 경우라면 그 일을 대신해줄 사람을 구하는 편이 결과적으로는 훨씬 더 효율적이라는 것을 알게 될 것이다.

(6) 지나친 망각

성인ADHD환자들은 약속시간을 잊어버려 당황한 기억이 허다할 것이다. 사회생활에서는 이런 일이 자주 있게 되면, 신용이 없는 사람으로 낙인 찍히게 되는 불상사가 발생할 수도 있다. 이렇게 지나친 망각이 발생하는 이유는 성인ADHD의 증상인 주의산만 때문이다. 즉 주의집중력 부족으로 인해 단기기억력에 문제가 생기게 되는 것이다. 환자들은 집중력이 부족하므로 어제, 오늘 등 최근의 일들이 기억에 저장되지 못하고 날라가 버리게 된다. 그러므로 환자들은 예전에 이미 기억으로 저장된 것은 잘 떠올릴 수 있으나 최근의 일들은 저장이 매우 불완전하게 되므로 잘 생각나지 않는 것이다. 이를 해결하기 위해서는 여러 가지 사소한 것에 신경을 쓸 필요가 있다. 먼저 작은 일일계획 노트를 마련하여 항상 분신처럼 갖고 다닌다. 그리고 필요한 모든 정보는 여기에다 적어놓는다(Kathleen1997). 즉 일종의 보조기억장치를 휴대하고 다니라는 말이다. 요즘은 전자사무기기가 발달하여 작은 노트 대신에 넷북이나 PMP를 전자노트로 쓸 수 있으므로 젊은 사람들에게는 이것이 추천된다. 생각나는 것이 있으면 절대로 종이조각에 적어놓지 말고 작은 노트나 전자기기에 적어놓는다. 종이조각에 적어놓으면 반드시 잊어버리게 되어있다. 그리고 회의 때는 항상 이러한 보조기억장치를 지참한다. 그리고 함께 일하는 동료들에게는 전화보다는 기록이 남는 e메일이나 팩스로 연락해달라고 부탁한다. 그리고 이러한 작은 노트나 전자노트를 휴대하거나 쓸 수 없는 경우를 대비해서 볼펜형의 작은 휴대용 녹음기를 항상 갖고 다니면 매우 유용하다.

(7) 잘못된 시간관리

약속을 못 지키는 등의 실수는 누구나 할 수 있는 것이다. 하지만 그것이 지나치게 반복되면 곤란하다. 성인 ADHD환자들은 시간관리의 잘못으로 인해 자신의 직업과 심지어는 자신이 삶 전체를 위험에 처하게 만들고 있으며, 수없이 자존심을 구기고 있다(Nancy 2008). 성인ADHD환자들은 본의 아니게 시간을 낭비하게 된다. 그 이유는 시간관리를 잘 못하기 때문이다. 잘못된 시간관리의 대표적인 경우가 바로 잦은 지각이다. 환자들에게 약속시각에 늦는 지각은 거의 일상화되어 있다. 그들은 타인에게 신뢰를 잃게 되는 지각을 밥 먹듯이 하면서도 도무지 고치지 못한다. 이를 해결하려면 보다 철저한 시간 관리가 필수적이다. 먼저 뜻하지 않은 일로 늦을 것을 대비해서 최소 10분 이상 일찍 출발한다. 만약 별일이 없이 일찍 도착했다면 남들보다 먼저 일을 준비하면 된다. 이런 습관을 들이면 그 덕분에 남들보다 더 근면한 사람으로 평가되어 오히려 지각대장에서 부지런한 사람으로 상황을 역전시킬 수 있다. 지각을 방지하려면 또한 출발하기 전에 미적거리는 습관을 없애야 한다. 출발할 때 뭔가 하나만 더 하고픈 충동을 참아야 한다(Kathleen1997). 또한 출발하여 목적지로 가는 도중에 한눈 팔지 않는 것도 중요하다. 만약 한눈을 팔게 되면 일찍 출발해도 소용이 없다. 그러기 위해서는 출발시의 본래 목적을 도착할 때까지 반복적으로 되 뇌이는 것도 도움이 된다. 그리고 너무 약속을 많이 잡지 않는 것도 중요하다. 과다한 약속은 결국 못 지킬 상황을 만들어 낸다. 그러므로 새로운 약속을 하기 전에 다른 약속들을 먼저 확인해 봐야겠다고 말하는 습관을 들이는 것이 필요하다. 약속을 너무 많이 하지 않기 위해서는 하나의 약속을 새로 추가할 경우, 이전 약속 하나를 빼는 원칙을 지키는 것이 큰 도움이 된다. 자꾸만 일을 뒤로 미루는 버릇을 없애기 위해서는 지신이 데드라인을 꼭 지킬 것이라고 주변 사람들에게 여러 번 광고하고 다니는 것이 도움이 된다. 남들에게 한 약속은 스스로에게 한 약속보다 강제력이 있으므로 일을 무한정 뒤로 미루기가 어려워진다. 남들에게 말을 하게 되면, 공신력과 책임감 때문에 일이 계속 의식되게 되며, 원래 습관대로 약간 뒤로 미루다가도 신경 쓰이는 것이 싫어서 결국에는 일에 착수하게 된다.

(9) 체계적 일 처리의 어려움

성인ADHD환자들이 일 처리를 하는 것을 보면, 주먹구구 또는 중구난방으로 하는 특징이 있다는 것을 발견하게 된다. 이것은 환자들이 일을 체계적으로 하지 못하는 어떤 문제가 있다는 것을 의미한다. 이런 문제가 지속되면 직장에서 좋은 평가를 받기 어렵고, 승진에서도 여러 차례 누락되게 된다. 그러므로 특히 사무직에 종사하는 환자들은 체계적 일 처리를 의도적으로 배울 필요가 있다. 그러기 위해서는 먼저 일을 체계적으로 분류해야 한다. 가장 중요하고, 단기적으로 완성해야 하는 일을 최우선순위에 두고, 다음으로 중요하고 중장기적으로 완성해야 하는 일은 다음순위에 둔다. 그리고 가장 덜 중요한 일은 마지막으로 돌린다. 이때 물론 최우선 순위에 너무 여러 가지 일을 두면 안 된다(Steven 2005). 또한 일 처리가 용두사미가 되지 않기 위해서는 일을 처음부터 시작하려 하기 보다는 중간이나 끝에서부터 시작해야 마음이 편해진다. 일을 처음부터 하게 되면 성인ADHD 환자들은 이게 언제 끝나나 초조해지기 시작하고 조바심과 권태감이 혼합되어 나타나기 시작한다. 발상을 전환해서 거꾸로 뒤로부터 일하게 되면 그런 부작용이 현저하게 줄어들게 된다. 또한 시청각적인 자극을 적극적으로 활용해서 일하면 쉽게 지루해지지 않는다. 일의 덩치가 클 경우 작은 크기로 나누어 하나씩 진행하면 부담을 훨씬 덜 느끼게 된다(Kathleen1997). 그리고 나누어진 작은 일들은 계속 연속적으로 하지말고, 한 가지 일이 끝날 때마다, 좋아하는 웹 서핑이나 TV 시청 등 간단한 오락 및 취미활동 등을 보상차원에서 하게 정하면, 더 오랫동안 포기하지 않고 일을 계속할 수 있으며, 결국에는 증상을 이겨내고 일 처리를 끝낼 수 있다. 체계적으로 일 처리를 하기위해 무엇보다도 중요한 것은 우선순위를 정하는 것이다(Judith 2002). 성인

ADHD환자들은 우선순위를 정하는데 익숙하지 않으므로 처음에는 다른 사람을 따라서 해보는 것이 좋다. 이렇게 체계적 일 처리 방법은 숙달된 다른 동료나 선배에게 충분히 배우는 것도 중요하다. 이들은 일의 우선순위를 매기는 방법 그리고 계획과 진행에 대한 노하우를 많이 알고 있으므로 성인ADHD환자들은 스스로 터득하려 하지말고 먼저 올바른 방법을 배울 필요가 있다. 물론 배운 것을 숙달하는 것은 본인의 몫이다.

2. 대인관계에서의 어려움

성인ADHD환자들은 대인관계에 서투르다. 그들은 나쁜 의도가 없음에도 불구하고 종종 다른 사람들과의 의사소통 과정에서 오해를 받고, 부정적인 평가를 받는다. 환자들은 그 결과 점점 더 대인관계를 두려워하며 자신감을 잃게 된다. 이런 상황이 지나칠 경우 다른 사람들이 자신을 전혀 좋아하지 않으며, 자신이 문제가 있는 존재라고 비관적인 자기평가에 빠지기도 한다. 이렇듯 많은 성인ADHD환자들이 대인관계에 문제를 안고 있으며, 그것을 제대로 못할까 봐 두려워하고 있다. 대인관계는 사람을 상대할 때에 어떤 말과 행동을 해야 하는지, 그리고 어떤 말과 행동은 하지 말아야 하는지 아는 것으로부터 출발한다. 대인관계를 잘하는 법은 어릴 때부터 체득이 되어야 하는 것이므로 성장기 동안 ADHD로 인해 대인관계의 문제를 겪어온 성인환자들의 경우, 대인관계의 기술을 습득할 기회가 거의 박탈된 셈이라 할 수 있겠다. 대인관계의 기술은 마치 법칙이나 공식처럼 명료하게 간단히 설명할 수 있는 것이 아니기 때문에, 의식적으로 노력해도 체득하기가 용이하지 않은 특징이 있다. 대인관계는 상호 이해를 바탕으로 한 것이므로 상대방이 왜 그렇게 행동하는지를 잘 이해할 수 있어야 원활한 의사소통을 할 수 있게 된다. 물론 자신이 아닌 타인을 완전하게 이해할 수는 없으므로 일반적인 의사소통에도 항상 불일치와 오해가 뒤따르게 된다. 하지만 성인ADHD환자들의 경우 이러한 오해는 매우 심각한 수준으로 치닫는다. 환자들은 자신의 행동이 질환으로 인한 것으로 결코 이해 받지 못하기 때문에, 타인들에게 뭔가 잘못된 나쁜 사람으로 여겨지기 쉽다. 예를 들어 한 환자가 지각을 했다면 사람들은 그가 무책임하며 게으른 사람이라고 판단을 할 것이다. 하지만 실제로 지각을 한 이유는 그의 질환으로 인한 증상이기 때문에, 그가 치료를 받게 된다면 당연히 좋아질 수 있다. 또한 한 환자가 중요한 약속을 잊어먹어서 가지 못했다면, 그는 남을 무시하는 오만한 사람이라고 판단을 받을 수도 있다. 하지만 실제로 그는 약속을 중요하게 생각하고 있었으며, 이를 망각한 이유는 그의 질환으로 인한 증상 때문이라는 것을 이해 받을 필요가 있는 것이다. 또한 성인ADHD환자가 아내와 의논하지 않고 이사 갈 새 집을 계약했다면, 그의 부인은 자신이 무시당했다고 느낄 것이다. 하지만 실제 이유는 그의 질환으로 인한 충동성 때문이라는 것을 이해 받을 필요가 있다. 물론 이해 받는 것으로 그쳐서는 곤란하다. 그들은 오해가 아닌 이해를 받음과 동시에 치료적 노력을 성의껏 해야만 그 이해를 지속시킬 수 있을 것이다.

이제 대인관계에서 많은 성인ADHD환자들이 겪게 되는 대표적인 어려움을 소개하고 이를 고칠 수 있는 몇 가지 방법(Novotni 2008)을 소개하겠다.

(1) 대화시의 집중력 부족

성인ADHD환자들은 다른 사람들과 대화를 할 때 집중력 부족으로 인해 다음과 같은 의사소통에서의 문제적 패턴이 종종 발생한다.

> 상대방 : 당신은 내 말을 듣지 않고 있네요.
> 환자 : 아닌데요.
> 상대방 : 당신은 듣지 않고 있다니까요.
> 환자 : 아뇨. 나는 당신이 말한 것 전부를 들었어요.
> 상대방 : 그렇다면 방금 내가 뭐라고 그랬나요?
> 환자 : 그게.........
> 상대방 : 거 봐요. 내 말이 맞죠.

이런 상황이 발생하지 않으려면 적극적으로 상대방의 대화를 청취하는 방법을 터득해야 한다. 먼저 얼굴을 정면으로 마주보고 이야기한다. 그리고 팔이나 손, 다리를 꼬지 않는 자세가 중요하다. 그런 자세는 집중력이 분산되고 상대방에게 좋지 않은 시건방진 인상을 남길 수 있기 때문이다. 상대방의 이야기를 적극적으로 듣고 있다는 것을 표시하기 위해 몸을 앞으로 약간 기울인 상태로 듣는다. 대화 중에는 다른 곳으로 한눈을 팔지 말고 적절한 시선접촉을 계속 유지한다. 물론 적극적인 태도가 지나쳐서, 상대방을 계속 뚫어져라 쳐다보는 것은 상대방이 공격적으로 느끼게 되므로 큰 실례가 된다는 것도 잊지 말아야 하겠다. 그리고 대화 시에 들은 내용을 빠트리지 않고 기억하기 위해서는 상대방이 말한 것을 반복해서 앵무새처럼 강조하고 이에 대해 생각하는 것이 좋다. 그러다가 가끔씩은 상대방에게 자신이 들은 내용을 말해서 확인시키는 과정도 필수적이다.

(2) 듣기에서의 문제

성인ADHD환자들은 머리가 나쁜 것이 아니라 건성으로 듣기 때문에 상대방이 말한 내용을 이해하지 못하는 경우가 많다. 이 문제를 해결하려면 듣고 나서 상대방이 말한 내용을 앵무새처럼 반추해서 다시 반복해서 답해주는 것이 좋다. 그러면 상대방은 자신의 이야기를 잘 듣고 있다고 여기게 되므로 더욱 자세한 이야기를 들려주게 된다. 다음의 예를 보자.

> 상대방 : 나 오늘 마누라와 싸웠어
> 환자 : 오 저런 마누라와 싸웠구나.
> 상대방 : 그러게 말야, 식사 때 쓸데없는 잔소리를 하지 뭐야. 그래서 신경질이 났어.

듣기에서 중요한 것은 비단 내용이해만이 아니다. 말하고 있는 상대방의 기분을 공감하는 것이 매우 중요하다. 상대방이 말을 걸어오는 이유는 자신의 기분을 공감 받고 싶기 때문이다. 기쁜 감정이든 슬픈 감정이든 간에 상호소통하고 싶은 욕구가 있다. 그러므로 이때에는 상대방의 기분에 대해 옳고 그른지를 판단할 필요가 없다. 단지 상대방이 의미하는 기분에 대해 앵무새처럼 되돌려 주기만 하면 된다.

> 상대방 : 나 오늘 마누라와 싸웠어
> 환자 : 오 저런! 기분이 꿀꿀하겠네.

이렇게 상대방이 말한 내용을 이해하고 그의 기분을 공감해 주는 과정은 의사소통에서 각각 분리되어 나타나는 것이 아니다. 일상생활에서 그것은 대개 다음과 같이 동시에 일어난다.

상대방 : 나 오늘 마누라와 싸웠어
환자 : 오 저런 마누라와 싸웠구나. 기분이 꿀꿀하겠네.

(3) 질문 할 때의 문제

성인ADHD환자들은 대화를 막다른 골목으로 몰아가 중단시키는 잘못된 버릇이 있다. 그런 일이 발생하는 가장 주된 이유는 질문을 잘 못해서 이다. 환자들은 상대방으로 하여금 계속 이야기 하게 만드는 질문 보다는 이야기를 중단시키는 잘못된 질문습관이 몸에 배어있다.

상대방 : 어제 애인이 헤어지자고 해서 화가 났었어.
환자 : 그래? 애인이 어디서 그 얘기를 했는데?
상대방 : ....카페에서.

여기서 이 성인ADHD환자의 질문은 잘못되어 있다. 상대방이 말한 내용에 대해 더 물어보는 것이 이야기를 계속하게 만들 것이고 그것이 상대방이 바라는 바일 것인데, 엉뚱한 것을 물어본 것이다. 이 경우는 다음 같이 질문 하는 것이 좋을 것이다.

상대방 : 어제 애인이 헤어지자고 해서 화가 났었어.
환자 : 그래? 대체 무슨 일이 있었는데?
상대방 : 사귄 지가 오래 되어서 결혼얘기를 꺼냈거든.

그리고 질문이 더욱 완벽 하려면 상대방이 말한 내용을 부연하여 이해하는 것 뿐만이 아니라 기분을 공감해준 이후에 하는 것이 좋다. 다음의 예가 가장 좋은 대화법이다.

상대방 : 어제 애인이 헤어지자고 해서 화가 났었어.
환자 : 오 저런! 애인이 헤어지자고 해서 화가 났구나. 그래 대체 무슨 일이 있었는데?

(4) 충동적 언사

성인ADHD환자들의 충동성은 대화할 때에도 여지없이 드러난다. 환자들은 생각을 정리하기도 전에 머리에 떠오르는 대로 즉시 말해버리곤 한다. 그러다 보면 당연히 말실수를 피할 수 없게 된다. 또한 상대방이 너그럽지 못하고 예민한 사람이라면 그런 태도를 무례하다고 느낄 것이다. 물론 즉흥적으로 이야기 하는 경향으로 인해, 이야기가 딱딱해지지 않고 재미있게 만드는 장점이 있을 수도 있다. 하지만 환자 자신에게는 부정적인 측면이 훨씬 더 많으므로 고쳐야 할 필요가 있다. 이를 해결하기 위해서 환자들은 자신의 머리에 떠오른 생각을 한번이라도 객관적으로 스스로에게 질문 해보는 습관을 들일 필요가 있다. 이런 생각이 과연 타당한 것일까? 이런 생각을 말하는 것이 지금 상황에 어울릴까? 이런 생각을 지금 말한다면 남들이 어떻게 생각할까? 이런 질문으로 생각을 한번 여과한 이후에 말하면 말실수는 크게 줄어들게 된다. 대화 시 충동성의 또 다른 대표적 경우는 바로 다른 사람이 말할 때 끼어 드는 것이다. 이런 태도는 상대방을 기분 나쁘게 만들고, 이 때 성인ADHD환자는 남을 배려할 줄 모르고 자기밖에 모르는 이기적인 사람으로 평가 받게 된다. 이를 해결하려면 아무리 지루하더라도 반드시 상대방의 말이 완전히 끝난 이후에 자신의 말을 하는 습관을 들여야 한다. 또한 환자들이 말을 할 때에는 충동성으로 인해 차분하지 않고 어조가 격해지는 경우가 많다. 이런 경우 상대방은 공격적으로 느낄 수도 있다. 그러므로 항상 대화할 때에는 어조는 한단계 낮추어 말하는 연습을 하여 이를 습관화 시킬 필요가 있다.

3. 직업선택의 어려움

직업은 결혼과 더불어 우리가 인생에서 하는 선택들 중에서 가장 중요한 두 가지 중의 하나이다. 어떤 직업을 갖는지에 따라 사회에서는 그 사람의 아이덴티티가 결정되는 경향이 있다. 즉 사람들은 그가 무슨 일을 하는 지로 그 사람을 규정짓는다. 그러므로 어떤 직업을 선택하는지는 사회적 자의식에 있어 결정적으로 중요하다. 직업을 잘못 선택한 사람들은 여러 번 자신의 실수를 탓하며 이 직업 저 직업으로 옮겨 다니며 오랜 기간동안 시행착오를 겪어야 하는 경우도 많다. 성인ADHD환자들은 대개 이러한 실수를 다른 사람들보다 훨씬 더 많이 저지르게 된다. 일반적으로 먹고 살기 위해서 직업이 필요하다고 말한다. 하지만 직업이 자신의 자아실현 수단이 될 수 있다면 그것이야말로 금상첨화일 것이다. 너무나 많은 성인ADHD환자들이 직업에서 좌절하고 실망하기 때문에 이 문제를 성인기의 초입에서부터 일찌감치 생각하고 다루어 보는 것이 필요한 것이다. 대개의 직장에서 성공적으로 직업생활을 하는 사람들의 특징은 일의 체계화에서 높은 수행능력을 지니고 있다는 것이다. 유감스럽게도 이런 능력은 성인ADHD환자들에게 가장 결핍된 것이다. 특히 화이트컬러 사무직과 전문직은 대학졸업 이상의 교육과 오랜 기간 동안의 특별한 전문적인 수련을 필요로 하는데 이런 과정은 더욱 성인ADHD환자들에게는 그야말로 굉장히 견디기 어려운 고난의 기간일 것이다. 환자들은 증상으로 인해 실제 자신의 능력보다 직업에서 낮은 평가를 받고 심지어는 이직권고를 받기도 한다. 이런 어려운 상황에서도 환자들은 치료를 받기 전까지는 적절한 해결책을 찾지 못해 고민하게 된다. 하지만 모든 성인ADHD환자들이 자신의 직업에서 고전하고 있는 것은 아니다. 일부의 환자들은 자신이 직업이 그들의 강점에 잘 들어맞아 만족스러워 한다. 환자들을 치료할 때, 치료자는 그들의 직업에 큰 관심을 기울여야 한다. 지금 그 환자가 하는 일이 그에게 잘 맞는지 확인하고, 그렇지 않다면 그의 성격과 능력, 그리고 그의 질환에 맞는 직업을 찾을 수 있도록 확실하게 도와주어야 한다. 그러므로 이를 위해서는 성인ADHD 환자들에게 잘 맞는 직업들과 맞지 않는 직업들이 어떤 것이 있는지(Doyle 2006, Margaret 등 1999) 알아 볼 필요가 있다.

(1) 다음에 소개하는 직업들은 하는 일의 특성 상 환자의 취약성이 보완하여 성인ADHD의 강점을 살릴 수 있는 것들이다. 성인ADHD에게 잘 맞는 직업을 찾는데 전반적으로 가장 중요한 핵심은 아침에 출근하여 저녁에 퇴근하는 유형의 직업은 가능한 한 피하라는 것이다. 즉 일하는 시간대가 자유로운 직업을 선택하는 것이 성인ADHD에게 가장 먼저 중요하다.

1) 기자

신문기자를 위시해서 잡지사, 방송사 기자를 포함한 모든 기자들은 엄청나게 활동적이어야만 그 직업에서 살아 남는다. 또한 다양한 기사거리를 끊임없이 발굴해내야 하고 갑자기 발생하는 급박한 사건을 취재해야 하며, 기사를 제한된 시간 안에 써보내야 한다. 이처럼 시간을 다투고 변화무쌍한 모든 직업적 특징이 성인ADHD의 특성과 마치 금상첨화처럼 잘 들어맞는다. 자신의 감정을 다스릴 줄 알고 냉철한 이성만 유지할 수 있다면 성인ADHD환자들에게 기자라는 직업은 마치 천직과도 같은 것이다.

2) 사업가

사업가는 근면 성실함보다 창의적이고 도전적인 정신이 더욱 중요하게 요구된다. 일반상식에 얽매이지 않는 발상의 전환을 통해 새로운 사업을 일으킬 수 있는 능력이 사업가에게 가장 필요한 특징이다. 창의성이 풍부한 성인ADHD환자들은 이런 면에서 사업을 하기에 적합한 측면이 있다. 하지만 성급한 판단과 돈 계산 능력의 부실로 인해 사업에 실패할 위험성도 역시 존재한다. 그러므로 성인ADHD의 경우 믿음직한 판단을 공유하고 회계에 밝은 동업자를 만나는 것이 중요하다. 또한 사업가는 출퇴근시간이 자유롭기 때문에 성인ADHD에게 잘 맞는다. 기타 문서작업, 서류정리 등은 모두 비서에게 맡겨버리면 된다. 이것도 사업가 만의 특권이다. 모든 약속과 회의도 비서가 알아서 짜주고 수시로 확인해줄 것이다. 그래서 성인ADHD로 인한 상당부분의 증상이 손쉽게 해결될 수 있는 좋은 직업이다.

3) 응급의료 전문직

의학은 정확성과 철저함을 필요로 하므로 일반적으로 성인ADHD환자들에게 잘 맞지 않는다. 하지만 급박한 상황에서의 빠른 행동이 필요한 응급의학은 성인ADHD의 기질과 잘 맞아떨어진다. 일반적인 사람들은 근무의 예측불가성과 불규칙성 때문에 응급의학 업무를 힘들어 한다. 하지만 성인ADHD는 이런 상황이 본인의 특성과 비슷한 측면이 있으므로 덜 스트레스를 받는 경향이 있다. 그러므로 성인ADHD환자들은 응급의학전문의, 응급구조사, 119구급대원, 소방수 등의 직업에 진출하는 것을 고려해볼 필요가 있다.

4) 대학교수

대학교수직은 먼저 일하는 시간대가 자유롭다는 점에서 이 질환에 적합하다. 그리고 서류 및 문서정리는 모두 조교 혹은 비서가 해줄 수 있다. 대학교수는 창의적인 연구를 지속해야 하는데, 이점에서 성인ADHD는 능력을 발휘한다. 하지만 지속적으로 논문을 써야 하는 일은 고역일지도 모른다. 성인ADHD환자는 질환의 특성으로 인해 아이디어가 필요한 논문 디자인과 직접 발로 뛰어야 하는 실험이나 조사 리서치 과정은 남들보다 더 빨리 그리고 더 잘 할 수 있다. 하지만 통계처리나 참고서적을 많이 읽고 직접 논문을 작성해야 하는 문서작업에는 큰 어려움에 봉착하게 된다. 그러므로 이러한 특성에 맞는 역할을 분담할 수 있는 연구자와 공동연구를 하는 것이 가장 좋은 결과를 볼 수 있다.

5) 영업마케팅

영업마케팅을 하려면 하루종일 돌아다니며 여러 다양한 고객을 만나야 한다. 이렇게 한곳에 앉아서 근무하지 않고 활동적으로 돌아다니는 일의 특성이 주의가 산만한 성인ADHD에게 잘 맞는다. 하지만 고객을 대하는 일은 일종의 대인관계로, 이에 서투른 성인ADHD환자들은 어려움에 봉착할 수 있다. 그러므로 먼저 좋은 치료자를 만나 성인ADHD에 유익한 대인관계의 기술을 충분히 습득하는 것이 필요하다. 그리고 성인ADHD들은 기다리는 것에 취약하므로 반드시 사전약속을 하고 고객을 방문하는 것이 좋다.

6) 발명가

성인ADHD의 창의적인 강점을 가장 효과적으로 살릴 수 있는 직업이 발명가이다. 발명가는 일하는 시간대에 얽매이지 않으며, 서류 작업 등 사무적인 일도 없다. 성인ADHD 환자들은 자신이 흥미를 느끼는 일에는 정상인들 보다 더 주의집중력이 좋을 수 있으므로 일종의 프리랜서인 발명가는 성인ADHD에게 가장 걸 맞는 천직이라 해도 과언이 아니다. 또한 싫증을 잘 내는 성인ADHD 환자들에게 발명은 계속 새로운 주제를 탐구할 수 있게 해주어 지루함과 권태감에서도 해방시킨다.

7) 목장운영

성인ADHD 환자들은 활동적인 일이 잘 맞는다. 그들은 한곳에 앉아서 사무 보는 일을 제일 힘들어 한다. 만약 환자가 도시에 살기를 원한다면 활동적인 영업직 등이 좋을 수 있지만, 만약 성인ADHD 환자가 도시를 떠나 자연 속에서 살고 싶어 한다면 목장을 운영하는 것이 적격이다. 목장운영은 육체적으로 힘이 들기는 하지만, 매우 활동적이면서 잠시도 쉬지 못할 정도로 이것저것에 잔손이 많이 가기 때문에 잠시도 가만히 있지 못하는 성인ADHD환자에게 잘 맞는다.

(2) 다음에 소개하는 직업들은 하는 일의 특성 상 성인ADHD 환자들의 취약성으로 인해 택해서는 후회할 가능성이 높은 것들이다. 환자들이 절대로 피해야 하는 직업적 특성은 하루종일 좁은 공간에 앉아서 주로 문서작업을 하는 종류의 사무직과 엄청난 분량의 계산을 실수하지 않고 정확하게 해내야 하는 종류의 일이다.

1) 회계사, 금전 출납원, 은행원

성인ADHD 환자들은 집중력 부족으로 인해 산술계산에 취약하다.

그리고 이들은 앉아서 하는 일을 힘들어 한다. 게다가 성인ADHD들은 서류 및 문서작업이 질색이다. 그러므로 이 모든 일들이 함께 모여 있는 회계사, 금전 출납원, 은행원은 성인ADHD에게 아마 최악의 선택이 될 지도 모른다.

2) 공무원, 관료

공무원은 변화가 없이 판에 박힌 일을 반복해서 하는 경우가 많다. 그리고 서류 및 문서작업이 주요 업무인 경우가 많다. 공무원 내부의 조직생활은 자유롭지 못하고 관료적 경직성이 많은 편이다. 이 모든 상황이 성인ADHD 환자들에게는 가장 참기 힘든 것들을 모아놓은 것과 다름이 없다. 또한 새로운 일이나 사업에 대한 거부감이 많아 성인ADHD 환자들이 창의적인 의견은 묵살되기 십상이다.

3) 파일럿

파일럿은 매우 오랜 비행시간 동안 기내 조종석에 머물러야 한다. 이는 성인ADHD 환자들에게 참기 힘든 상황이다. 또한 비행기 조종사는 위급상황이 발생할 경우를 대비해서 심리적으로 매우 침착해야 하는 자질이 필수적으로 요청된다. 그러므로 성인ADHD 환자들의 취약점인 충동성은 파일럿의 자질로는 가장 나쁜 측면에 들어간다.

4. 성인ADHD환자에게 도움이 되는 삶의 원칙들

(1) 잘 맞는 사람과 결혼한다.

이것이 가장 중요한 일이다. 잘 맞는 배우자를 만나는 것은 인생에서 가장 중대한 일이다. 성인ADHD환자들은 증상으로 인한 결점이 많은 사람들이다. 이런 결점으로 인해 부부간에 불화가 발생하고 이혼까지 하게 되는 경우가 다른 사람들보다 많다. 그러므로 성인 ADHD에 대해 이해할 수 있고, 환자의 증상으로 인한 결점들을 받아들일 수 있는 사람과 결혼하는 것이 무엇보다 중요하다. 즉 환자의 특성을 있는 그대로 사랑하는 사람과 결혼하는 것이 좋은 것이다.

(2) 잘 맞는 직업을 선택한다.

이것은 다음으로 가장 중요한 것이다. 자신에게 맞는 직업을 선택하는 것은 좋은 배우자를 만나는 것만큼이나 정말로 중요하다. 즉 행복한 삶을 위해서는 결혼과 직업에 문제가 없어야 하는 것이다. 성인 ADHD환자들은 특유의 증상으로 인해 직장생활 적응에 어려움을 안고 있다. 그러므로 모든 직업이 이들에게 잘 맞는 것은 아니며, 또한 열심히 적응하려고 노력한다고 해서 문제가 해결되는 것은 아니라는 것을 깨달을 필요가 있다. 중요한 요점은 성인ADHD에 절대로 맞지 않는 직업을 피하고, 성인ADHD의 특성에 잘 맞는 직업을 선택해야 한다는 것이다.

(3) 항상 작은 (전자)노트를 휴대하고 다닌다.

성인ADHD환자들은 자신의 모든 일정과 약속을 챙겨주고 알려줄 개인비서가 필요하다. 하지만 현실적으로 누구나 그럴 형편이 못되므로 대신에 그런 역할을 대행해 줄 보조기억장치가 반드시 필요하다. 이것이 있으면 약속을 까먹지 않을 수 있고, 회의시간에 늦지 않을 수 있다. 그러기 위해서는 모든 기록을 이 (전자)노트에 적어야 하며 항상 휴대하고 다닌다는 원칙을 충실히 지키는 것이 중요하다(Steven 2005).

(4) 집 현관 출입문에 모든 열쇠들을 놓는 바구니를 둔다.

성인ADHD환자들은 소지품 정리에 취약하다. 그들은 종종 중요한 열쇠 등을 어디에 두었는지 찾지 못해서 낭패를 보는 경우가 많다. 그러므로 모든 열쇠는 한 장소에 두는 원칙을 정해서 실천하는 것이 필요하다. 열쇠 뿐만이 아니라 다른 중요한 소지품들도 모두 이 바구니에 항상 넣어둔다(Edward 등 2006).

(5) 정리함과 쓰레기통을 도처에 놓아둔다.

성인ADHD환자들은 잡동사니 속에 파묻혀 사는 경우가 많다. 그들은 정리할 줄 모르며 버릴 줄도 모른다. 그러므로 정리할 물건을 바로 집어 넣어둘 커다란 정리함을 집안 도처에 두면 어지름을 방지하는데 큰 도움이 된다. 또한 쓰레기나 버릴 물건들이 집안 곳곳에서 나뒹굴지 않게 하려면 이것들을 바로 버릴 수 있는 쓰레기통들이 많이 필요하다. 사무실에서도 역시 버려야 할 문서 및 종이조각 들을 곧바로 처리할 수 있는 쓰레기통을 도처에 비치해 놓아야 사무실이 어질러지는 것을 방지할 수 있을 것이다.

(6) 동일한 실패과정을 반복하지 않는다.

잘 안 되는 것을 애써서 잘하려고 지나치게 노력하지 않는다. 그보다는 방향을 전환하여 잘 할 수 있는 다른 일을 시작하는 것이 훨씬 더 이익이다. 대인관계에서도 관계형성이 잘 안 되는 사람이나 갈등이 잘 생기는 사람과 잘 지내려고 너무 노력할 필요가 없다. 그보다는 자신과 잘 맞는 사람을 빨리 찾아보는 것이 더 좋다. 즉 나는 싫어하는 사람과 잘 지내려 노력하기 보다는 나를 좋아하는 사람과 함께하는 쪽으로 방향전환을 한다.

(7) 규칙적인 운동을 한다.

이것은 쉽고도 매우 중요한 것이다. 단지 몸이 건강하기 위해 운동을 한다고 생각하지 말고, 성인ADHD의 증상을 치료하기 위해 운동한다고 생각할 필요가 있다. 운동을 하면 뇌 속에서 도파민, 노르에피네프린, 세로토닌 등의 신경전달물질의 대사에 영향을 주게 된다. 그 결과 운동은 약물치료 효과와 상당히 유사한 치료효과를 줄 수 있다. 그러나 생각날 때마다 운동을 해서는 소용이 없다. 반드시 규칙적으로 충분시간 운동을 하도록 한다.

(8) 손으로 주무를 수 있는 물건을 갖고 다닌다.

성인ADHD환자들은 급한 성질 때문에 기다리는 것에 취약하고, 일이 자신의 뜻대로 되지 않으면 조바심과 신경질이 난다. 이런 때 많은 도움이 되는 것은 무언가 손으로 주무를 수 있는 물건이다. 그 물건은 작은 공이나 고무덩어리 같은 것이며 심지어는 호두나 악력기를 이용할 수도 있다. 이것을 항상 주머니에 넣어 가지고 다니면서 손으로 주무르면 증상완화에 많은 도움이 된다. 이 방법은 공부할 때나 회의 중에 따분해서 조바심이 나고 안절부절 못하게 되는 경우에도 효과가 좋다(Edward 등 2006).

(9) 자신을 긍정한다.

성인ADHD환자들은 물론 질환으로 인한 결점이 있지만, 창의성과 직관이 뛰어난 경우가 많다. 하지만 그들이 남들의 평가에 따라 자기 자신을 부정적으로 생각함에 따라 좋은 재능을 발휘하지 못하고 썩히게 되는 경우가 다반사다. 성인ADHD를 극복하기 위한 가장 중요한 출발점은 바로 자신의 생각을 180도 전환하는 것이다. 성인ADHD는 적절한 치료로 쉽게 극복될 수 있는 핸디캡일 뿐이다. 환자들이 자기 자신을 긍정적으로 보기 시작하면, 성인ADHD로 인한 결점을 보완하고 장점을 찾으려는 지난하고 끈질긴 노력을 할 수 있게 된다.

제7장
여성의 성인주의력결핍/과잉행동장애

"저는 어릴 때부터 정리정돈이 가장 힘들었어요. 지금은 두 아이의 엄마인데, 여전히 정리하는 것이 어려워요. 게다가 요새는 의욕도 없고 우울해서 집안일이 더 밀려요. 남편이 퇴근하고 많이 거들어 주는데도 힘들어요. 점점 엉망이 되는 것 같아요. 저는 아무짝에도 쓸모 없는 사람인 것 같아요. 뭐가 문제인지, 저도 열심히 하려고 하는데 결국 이렇게 되요. 가끔은 화가 나서 아이들에게 소리를 지르게 되요."

위의 내용은, 한 여성이 필자의 클리닉에 내원하여 한 하소연이다. 이 여성은 겉보기에는 침착하고 부드러워 보였고, 말도 조심스럽고 부드럽게 하는 편이었다. 게다가 행동이 산만해 보이거나 충동적인 면은 전혀 없었다. 학창시절에도 무난한 학생이었으며, 결혼하기까지도 딱히 비난 받을 만한 행동을 하지는 않았다. 그러나 이 여성은 어린 시절부터 방 정리하기, 책상 정리하기, 사물함 정리, 물건이 어디에 있는지 등을 찾는 데에 남들보다 훨씬 노력을 많이 해야 가능하였었고, 주의 지속시간이 길지 않아 뭔가 하나를 끝내는 데 시간이 오래 걸려서 마음 깊숙이 열등감이 자리잡고 있었다. 결혼을 하고 아이가 태어나자, 아이를 돌보랴, 집안일을 하랴, 집안의 대소사를 신경 쓰는 등의 일이 점차 버거워지기 시작했다고 한다. 점점 일상을 규모 있게 조정하는 일에 피곤함이 더해지고, 일은 더 밀리고, 자책을 거듭하던 끝에 우울감이 심해져 내원한 경우이다.

이와 같이 여성의 ADHD는 눈에 띄지 않는 때가 많아 남성의 ADHD에 비하여 진단률이 낮다(Arcia와 Conners 1998). 여성의 ADHD의 경우 남성과 어떤 차이가 있는지, 그리고 여성의 경우 진단과 치료에 어떤 점을 유의해야 하는지를 이 장에서 다루고자 한다.

1. 남성 ADHD와 여성 ADHD의 차이

여성 ADHD의 경우, 행동문제가 두드러지는 남학생의 경우와 달리 조용히 조심스럽게 행동하고 최선을 다해 지시를 따르려 노력하는 경우가 많아 오히려 '잘 하지 못 하더라도 최선을 다하는 학생'처럼 되어 문제를 드러나지 않는 경우가 많다. 오히려 너무 조용해 보이기까지 한다. 충동성이 두드러진 경우에는 생각 보다 행동이 앞서나가는 경우가 많지만, 부주의한 특징이 강한 여성의 경우에는 생각을 실행에 옮기는 것에 어려움이 있다. 보통의 경우 사람들은 주로 뭔가를 빠릿빠릿하게 하면 머리가 좋다고 생각하므로, 속도가 느리기 마련인 부주의형의 ADHD 여성의 경우에는 실제의 잠재력이나 지능보다 저평가 되기가 쉽다. 물론, 능력이 뛰어나 보이는 경우에도 ADHD인 경우가 적지는 않다. 알고 보면 남보다 부주의함을 보상하기 위하여 남다른 노력으로 아주 애를 쓰는 경우이거나, 주변에서 1:1 학습을 지원한다든지, 챙겨주는 누군가가 있어 일상을 관리해주는 경우도 있다. 또한 학습이나 성취와 같이 밖에 보여지는 능력은 좋으나, 일상의 사소한 부분은 젬병인 경우인 때도 있다. 간혹 침착한 것 같지만, 하나의 주제에 주의를 기울이기 어려워 내면으로는 집중을 유지하기 어려운 경우가 종종 있다(Arcia와 Conners 1998). 여성에게 흔한 '조용한' ADHD인 경우의 특징적인 증상 중의 하나는 정리가 되지 않는 것(disorganization)이 특징일 때가 많다. 학생 때는 사물함이나 책상, 서랍, 공부방, 가방, 혹은 손으로 쓴 글씨를 보면 엉망인 경우가 많다. 성인 여성이 되어서도 일이나 가정에서의 사소한 일들을 계획하고 규모 있게 꾸려가는 것이 어렵기도 하다.

문화적으로 남성들은 직장에서 성공해야 한다는 압박감을 느끼게 된다. 이런 목표를 달성하기 위하여 일상의 사소한 부분들에 대하여는 크게 신경을 쓰지 않아도 용인 되곤 한다. 그러나 여성의 경우에는 직장 내에서나 가정에서 사소한 많은 일들에 주의를 기울여야 한다. 집에서는 가정 주부의 역할, 아내로서 역할, 며느리로서의 역할, 엄마로서의 역할 등을 잊지 않고 다 챙겨야 한다. 동시에 직장을 다니는 경우에는 밖에서도 대부분은 도움 없이 자신의 일을 잘 해야 하고 게다가 사무실의 전반적인 잡무를 떠 안게 되는 경우도 많다. 남성들이 사소하게 넘기는 일도 여성으로서 잘 챙기게 되면 꼼꼼하게 잘 챙기는 것으로 평가 받고, 사소한 일에 신경을 쓰지 않으면 엉망이 되었을 때, 여성이 결국 책임을 떠 안게 되어 버리기도 한다. ADHD여성이 아닌 여성이라도 이 혼재된 역할들을 균형 있게 수행하는 것이 버거울 때가 있는데 ADHD여성이라면 이 다양한 역할에 대하여 시간안배는 물론 잊지 않고 챙기고 우선순위에 따라 행동하는 등의 일이 잘 되지 않는다. 이런 역할들을 책임감 있게 수행하는 것이 부담이 된다(Arcia와 Conners 1998, Kathleen과 Patricia 2002, Rasmussen과 Levander 2009, Rucklidge 2008, Solden 2005, Waite 2007).

ADHD의 증상과 진단, 치료에 여성으로서 특이한 점의 하나는 신체의 성 호르몬 리듬이다. 생리 전 증후군이나, 폐경, 임신 등도 경과와 관련이 된다. 생리가 시작할 무렵부터는 매달 여성 호르몬이 주기적으로 변화한다. 배란 전에는 에스트로겐이라는 여성 호르몬이 상승하며 배란 이후에는 에스트로겐은 점차 떨어져 생리 직전에는 매우 낮다. 에스트로겐 농도가 낮게 되면 집중곤란이나 기억력 저하, 인지기능 저하 등의 증상을 초래할 수 있다. 신경 전달물질인 세로토닌, 노르에피네프린, 도파민(Andersen과 Teicher 2000)의 균형이 문제는 이미 존재한다고 보는 이론가들(Kathleen과 Patricia 2002)이 있는데 이들은 에스트로겐이 이러한 신경전달 물질의 신경연접부의 농도를 올리고 에스트로겐의 농도가 낮으면 증상이 심해져 어려움이 가중된다고 말한다. 에스트로겐이 낮은 기간 동안에는 일부 여성에 있어서는 수면이나 기분에 변화가 있는데 불안이나 우울, 의욕저하, 집중력 곤란, 기억력 감퇴 등의 인지적인 변화도 생긴다. 월경을 하고 나면 에스트로겐이 다시 생성되기 시작하여 다시 주기가 반복된다. 나이가 들어감에 따라 폐경기 즈음이 된다면 일정 기간을 거쳐 혹은 급작스레 에스트로겐의 생산이 줄어들게 된다. 이러한 변화로 인하여 인지적인 곤란과 함께 안면 홍조, 짜증, 불안, 우울감이 생기기도 하고 많은 여성들의 경우 수면에 심각한 문제가 생기기도 한다. 에스트로겐이 떨어지면서 동시에 도파민과 노르에피네프린과 세로토닌과 같은 물질도 떨어지는데(Andersen과 Teicher 2000, Arcia와 Conners 1998, Nadeau 1995, Rosler 등 2008) 이들은 주의집중에 영향을 미치는 신경전달물질로서 앞장에서 소개된 바 있다. 이러한 변화는 폐경이 확실해지고 배란이나 월경이 완전히 끝나는 때까지 지속된다.

2. ADHD 여성의 생활

ADHD여성들은 시간에 쫓기며 사는 경우가 많다(Rucklidge 2008). 수면 시간을 줄이는 사람도 있고, 하고 싶은 일을 하지 못 하고 그때그때 급한 일이나 남은 일을 처리하면서 버티는 경우도 있다. 할 능력이 없는 것이 아니라 시간이 걸리는 때가 많아서 그렇다. 할 일을 마치면 다행이지만, 어느 순간 지치게 되면 남는 일들이 쌓이면서 자책하게 된다. 직장 여성의 경우 업무적으로는 문제가 없으나, 정작 귀가하여 집안의 상태를 보면 엉망인 경우도 많다. 청소가 안 되어 있는 것도 문제겠지만 방 정리도 되지 않아 엉망이고 빨래가 넘쳐나는 일도 잦다. 직장에서의 겉 모습과 집안에서의 일상이 전혀 다른 경우도 있다. 물론 전업 주부의 경우에도 밖에서는 깔끔하고 정돈된 것처럼 보이지만 집안이 어수선하고 정돈이 안 되어 항상 스트레스인 경우도 많다. 여성으로서의 삶의 무게가 누구에게나 가벼운 것은 아니나, ADHD여성의 경우 직장에서도 더욱 긴장하며 실수하지 않도록 힘을 쓰다 보니 집에서 기진맥진 되어 악순환이 반복되게 된다.

결혼한 여성의 경우, 가족들의 스케줄을 조율하는 것은 물론, 고지서 처리, 우편물 관리, 소모품 관리, 살림 전반, 통장 관리, 생활비 관리, 청소, 요리, 일정 관리, 준비물 챙기기, 가방 싸기, 숙제 점검, 시장보기, 빨래하기, 의류 구입, 의류 상태의 점검, 옷 입는 것 챙기기, 누가 아프면 챙기고 간병하기, 집안 꾸미기, 주말 계획 세우기, 집안 대소사 연락하기, 용돈 챙기기, 은행에 가서 돈 찾기, 학교 봉사하기, 명절 선물 하기, 자녀 학습 봐 주기, 자녀에게 적절한 생활 습관 들이기, 양가 챙기기 등등 헤아리지 못 할 다양한 일을 추가로 신경 써야 한다. 이런 일들을 짜임새 있게 하는 것은 어느 여성이나 쉽지 않을 것이다. 더구나 계획성 있게 조직하는 것이 어려운 ADHD여성들은 자꾸 빠뜨리고 간혹 잊어버리는 일이 생기게 된다. 주변에서 당연하다고 여기는 일을 깜박하는 일이 반복되면 비난을 받기도 하고 스스로도 자신에 대한 자신감을 잃기 쉽다.

만약 직장 여성이라면 일터에서 업무 외에도 여성이기에 암묵적으로 더 해야 것들이 있다. 사무실에서 간식을 챙긴다든지, 생일을 기억하는 일, 음료를 준비하는 것 같은 일 등이 여성에게 그 책임이 부가 될 때가 종종 있다. 같은 사무직이라 해도 사무실 분위기를 좋게 하는 것이나 정리 정돈 등은 여성에게 은근히 기대하는 때가 많다. 업무를 실수 없이 해 내는 것도 바쁜 상황에서 이러한 부가적인 일을 은연중에 떠 맡게 되더라도 잘 챙기는 것이 쉽지 않고 그럴 때면 다른 여자 직원과 은근히 비교당하면서 업무 외의 일로 평가 절하 되는 경우도 있다.

가정에서나 직장에서 이러한 반복되는 실패 속에서 점차 자신에 대한 부정적인 정서가 쌓이는 일이 흔하다(Solden 2005). 학생, 직장인, 맞벌이 주부, 아이 엄마, 전업 주부 중에 하나 혹은 여러 역할을 동시에 해 내고 있거나 간에 많은 ADHD여성들은 다른 여성들과 비교하여 주눅이 들게 된다. “다른 여성들은 이걸 다 해내지?” 하는 생각이 드는 때가 많다. 다른 여성들은 비교적 어렵지 않게 일상을 규모 있고 체계적이면서 안정되게 영위하는 것처럼 보인다. ADHD여성은 서투르고 두서 없으며 마치 게을러 보인다. ADHD가 아닌 여성과 일상을 드러난 결과 자체를 비교를 하면 ADHD여성들은 자신이 당연히 무능하다는 생각이 들기 마련이다. 게다가 이러한 일들이 반복되다 보면 무능하다는 생각이 굳어져서 자신에게 더 이상 기대도 하지 않는 경우가 생긴다. 또한 ADHD여성들은 남들은 "어른스럽게" 뭔가를 하고 있는데 자신은 늘 어린아이처럼 실수를 연발하는 부분이 있을 수 있는데, 어이없게도 엉뚱한 곳에서 실수를 연발하게 되니 자기 자신이 마치 아이처럼 느껴지고는 한다. 잘 할 수도 있는 부분에서 어이없이 실수하게 되면 여전히 자신이 어린아이나 바보처럼 생각되는 자동사고에 빠지게 되는 것이다. 다른 많은 능력을 제쳐두고 단지 정리정돈을 잘 한다거나 집안 관리를 잘 해야만 성숙한 성인인지에 대하여는 독자 각자의 판단에 맡겨야 할 것이다. 이와 같이 ADHD여성들은 남들이 아무리 칭찬을 하고, 결과물이 좋아도, 언젠가 자신의 약점이 들통날까봐 걱정한다. 뭔가를 잘 하고는 있지만 그 외에 어설픈 자신의 모습을 남들이 보지 못 해서 자신을 칭찬한다고 생각하게 된다. 따라서 그러한 자신의 약점을 들키게 되면 너무 수치스러울 것이기 때문에 들키지 않으려 전전긍긍하게 되고 방어적이 되어버리기도 한다.

3. 여성이 ADHD의 일상과 진단

여성 ADHD는 남성 위주의 진단 체계로는 다 파악되지 않을 부분들이 많다. 현재 성인 ADHD의 진단 기준 자체가 통일되지 않은 점은 앞 장에서도 설명한 바 있지만, 여성의 경우에는 남성과는 다른 부분에서 ADHD 증상으로 인한 어려움을 겪게 되는 경우가 많아 이에 대한 고려가 반드시 필요한 상황이다(Solden 2005). ADHD여성의 일상에서 부주의함과 충동성, 그리고 과잉행동 등이 어떻게 드러나는지 예를 들어 설명해 보기로 한다.

먼저 선택적인 집중에 대한 부분이다. 흔히 가는 백화점이나 마트에서 사람들이 웅성거리고 여기 저기서 제품의 정보를 제공하는 상황이 되면 뭘 해야 하는지 정신이 없게 느껴져 혼란스러운 경우가 있을 수 있다. 집중하느라 너무 애를 써서 직장에서 일을 마치고 나면 일이 과중하고 탈진한 것처럼 느낄 수도 있다. 동창회나 회식자리, 혹은 여러 친지들이 모인 자리에서 동시에 여러 사람이 이야기하고 끼어야 하는 상황에서 어찌 할 바를 모를 수도 있다. 무시할 수 있는 소리나 주변 상황에 신경이 쓰이고 관심을 끊기 어려워 쉽게 주의가 분산되는 경우도 있다. 집안 청소를 하다 보면 자꾸 다른 할 일들이 보여서 다 끝내지도 않고 다른 일거리를 만들어 일이 커지는 일도 생긴다.

정리가 안 되는 특징이 여성의 일상에 반영될 경우에도 괴로운 일이 많다. 영수증이나 잡다한 서류가 여기저기 흩어져 있어 결국 필요한 것을 찾으려면 한참 걸려 대부분의 시간을 뭔가 찾는 데 보내는 경우도 있다. 재정적으로 여유가 있음에도 제때 못 맞추어 결국 카드나 공공요금, 수강료, 기타 요금 등이 연체되는 경우도 종종 보곤 한다. 만약 차를 몰고 다닌다면 차 안이 이런저런 물건들로 어지럽혀진 경우도 흔히 본다. 나름대로 정리한다고 하지만 얼핏 보기엔 항상 정리가 되지 않은 채로 있는 다든지, 여행가방을 싸도 뭔가 빠뜨리고 가방도 엉망인 경우도 흔하다. 마감시간을 못 맞추거나 시간계획을 세워놓고 지키는 일이 어려워 약속을 자주 어기게 되거나 약속 시간을 못 맞추는 경우에 해당하기도 한다. 어떤 경우에는 집안이 너무 어지러워 누가 집에 오는 것을 꺼리게 되기도 하고 가사 도우미의 도움이 없이는 꾸리기 힘든 경우도 생긴다. 여성의 액세서리는 작고 분실되기 쉬운데 이를 어디 두었는지 찾아 헤매느라 시간을 허비하게 되고, 화장품이나 옷도 제자리에 있지 않아 찾느라 애를 먹는 일이 잦다. 간혹 충동적이거나 계획 없이 물건을 사게 되어 낭비를 하기도 한다.

부주의한 특징이나 정리정돈이 안 되는 특징 때문에 대인관계를 손해 보게 되는 경우도 있다. 앞서 말한 대로 집이 엉망이라 사람들이 집에 오는 것을 꺼리고 꼭 밖에서만 만나는 경우도 있다. 또한 사람들이 하는 말의 맥락을 오해하여 엉뚱한 대답을 하기도 한다. 한편 사람들의 반응을 놓치기 쉬워 남들에게 기회를 주지 않고 혼자 떠들다 오는 경우도 있다. 간혹 떠오르는 생각을 참을 수 없어 남들이 말하는 중에 흔히 끼어들어 분위기가 냉각되기도 한다. 가끔은 친한 사람 중 한 둘이, 안타깝게 생각하여 ADHD여성인 친구를 늘 챙겨주는 경우도 있다. 하다 보면 실수 할 까봐 혼자서 뭘 하지 않으려 하여 남에게 의존하는 것처럼 보이기도 한다. 미혼이라면 결혼 이후의 생활에 자신이 없어 선뜻 누군가를 사귀는 데 망설이기도 한다.

정서적인 문제도 동반될 때가 많다. 남들보다 더딘 일처리로 우울해 지기도 한다. 너무 힘을 쓰고 다 마치려 하다 보면 기운이 빠지고 탈진된 느낌이 들기도 한다. 뭔가 실수를 할 것 같아 지레 겁을 먹고 미리 지나치게 걱정하기도 하고, 간혹 계획한 대로 하지 않으면 잘 못될 것 같은 두려움에 지레 화를 내버리는 경우도 있다. 하는 일을 방해하는 누군가가 있거나 혹은 소음이 있을 때 분노하는 경우도 있다.

뭔가 집중하기 위하여 날마다 커피나 콜라를 많이 마시는 경우도 있다. 이는 자가 치료에 해당이 되는 방법에 해당하지만 권장할 방법은 아니다. 겨우 집중하게 되는 시간이 한 밤중인 경우에는 올빼미와 같이 밤에 집중하여 뭔가를 하고 낮에 조는 등의 불규칙한 생활을 하게 되는 경우도 있다. 흥미가 있지 않은 일에 대한 각성이나 집중도가 낮을 때가 많아 구체적인 상식이 부족한 경우도 흔하다. 회의나 강의시간에도 집중하기 보다는 뭔가 다른 생각이 떠오르고 아이디어가 생각나 긁적이게 된다. 일을 하는 경우, 분명 능력은 있어 보이는데도 결과물이 신통치 않거나 서류정리가 깔끔하지 않아 인정을 못 받는 경우가 있다. 남들보다 잘 하려는 것 같은데 시간도 더 걸리고 알고 보면 한 가지 일을 하다가 다른 것을 하는 등 집중에 어려움을 겪기도 한다.

학창시절에도 다른 점들이 있는 경우가 종종 있다. 자주 멍하게 '딴생각'을 한다는 이야기를 듣는 경우도 있다. 또한 게으르다, 느리다, 정리가 안 된다는 등의 평가를 받기도 한다. 주변의 반응을 돌아보지 않고 하는 행동으로 이기적이라는 말을 듣기도 한다. 또한 사소한 일에도 예민하다는 평을 듣는 경우도 있다. 서투르지만 좌충우돌하면서 충동적인 경우도 있는 반면, 정리해서 말 하는 것에 자신이 없어 겉보기에 매우 내성적으로 수줍음이 많다는 평을 듣기도 한다. 성적이 과목에 따른 편차가 심한 경우도 있다. '여자 아이'가 방 정리, 서랍정리, 사물함 정리, 노트 정리 등이 엉망이라는 꾸지람을 듣고 자라기도 한다. 대학을 진학 한 다음에도 앞으로 뭘 할지 한가지에 집중하기 보다는 자주 방향이 바뀌는 경우도 있다.

4. 여성의 생애 주기와 ADHD 치료

여성의 ADHD치료는 남성의 치료와 일반적인 원칙은 같다. 여기에서는 ADHD 치료 시 여성에게만 있는 특징(Kathleen과 Patricia 2002, Rucklidge 2008, Solden 2005)을 몇 가지만 언급 하려고 한다. 앞서 언급하였듯 여성은 생리 주기의 시기별로 주의집중의 정도가 차이가 날

수 있다. 여성 호르몬인 에스트로겐이 중추신경계에서 신경전달물질인 도파민의 생성을 증가시키고 도파민 생성의 증가가 정보의 교류나 통합을 조절하게 된다. 도파민이라는 신경전달물질이 주의집중과 관련한 주된 신경전달물질이므로, 에스트로겐이 저하되면 도파민의 생성도 저하되어 주의력에 영향을 미치게 된다. 따라서 생리 전에 해당하는 시기에는 ADHD여성들은 가급적 계획을 조금만 잡고, 주변의 스트레스를 줄이고, 자신을 잘 이해해 줄 사람을 더 만나는 등의 계획을 미리 세워두면 도움이 된다. 수면도 충분히 취하고 식사도 균형있게 하고 운동을 하고 휴식을 취하면서 이 시기에 집중력이 저하되는 것에 대하여 미리 대비하고 있으면 자기 자신에 대하여도 조금은 더 너그러워 질 수 있다. 만약 생리 전 증후군이 있는 여성 ADHD의 경우라면 생리 직전의 주의집중의 문제가 조금 더 두드러지기도 한다. 간혹 약물 치료를 받는 여성 ADHD의 경우에도 이 시기에는 약물 치료의 효과가 감소하기도 한다. 따라서 추가로 선택적 세로토닌 재흡수 차단제와 같은 약물이 필요할 때도 있다(Nadeau 1995). 여성 중에 피임약을 복용하는 경우가 있는데, 피임약의 성분이 여성 호르몬이므로, 이를 복용하게 되면 여성 호르몬의 농도 변화가 줄어들어 생리 전 증후군이 호전되거나 ADHD 증상이 경감된다(Nadeau 1995)고 보는 견해도 있다.

여성에게만 고려할 점의 하나는 임신과 출산일 것이다. 약물치료로 도움을 많이 받았던 여성의 경우 약물 치료 없이 임신과 수유기를 버틸 수 있을 지 걱정이 될 것이다. 일반적으로 임신 중에는 약물을 피하는 것이 원칙이므로 임신중의 약물치료가 도움이 될 지 담당의와 진지하게 상의해야 한다. 앞서 언급하였듯 에스트로겐 농도가 낮을 때 ADHD 증상이 심해지므로 임신 중의 증가된 에스트로겐 농도는 증상을 경감시키는 데 도움이 된다고 보는 견해가 있다. ADHD여성은 아이를 잘 양육할 수 있을까, 그리고 아이를 키우면서 생길 많은 부가적인 의무를 잘 해 낼 수 있을까 하는 두려움이 있지만, 이 책에서 언급한 대로 자신의 문제를 정확히 파악하고 이의 대처방법을 연습한다면 얼마든지 양육에서의 스트레스가 있어도 극복하고 훌륭한 부모로서 아이에게 인식될 수 있을 것이다.

폐경전에는 에스트로겐이 5-15년에 걸쳐 서서히 감소되게 되는데 이 시기와 폐경이 된 여성에게 있어 호르몬이 변화하는 것은 주의집중력에 영향을 초래한다. 주의집중 증상이 가중되는 것에 더해 유방, 복부 불편감, 요통, 관절통, 부종, 체중증가, 심한 피로감 등의 신체증상도 더해져 문제가 복잡해진다. 폐경기 증후군 때문에 산부인과를 방문한다면 산부인과 의사와도 상담하여 전문가의 상담이 필요한 것인지 확인할 필요가 있다. 최근 폐경기의 호르몬 대체 요법에 대하여 안전성의 논란이 지속되고 있는 상황이다. 호르몬 대체요법은 주의집중에 긍정적인 도움이 된다는 연구도 있으나, 장기적으로 효과가 증명되지는 않았다. 폐경기 증상을 경감시킨다고 광고하며 마트나 약국을 통하여 판매되는 다양한 민간요법이 있다. 이들이 주의집중을 포함한 인지증상에 도움이 된다는 뚜렷한 증거는 없는 상황이다. 오히려 식품이라 할지라도 폐경과 관련한 혹은 다른 처방약품과 상호작용을 하거나 부작용을 일으킬 수 있다. 처방 받는 약이 있다면 이러한 식품이나 영양제를 복용하기 전에 담당의와 상의하는 것이 중요하다.

> 서론에서 소개하였듯 여성 ADHD를 위한 ADDvance.com (Patricia O Quinn, MD, Kathleen Nadeau PhD가 운영하는 여성용 사이트), SariSolden.com 등을 더 참고할 수 있다.

제8장 성인주의력결핍/과잉행동장애 환자의 취업 및 군대 문제*

Kessler 등(2006)은 성인 ADHD의 평생 유병률을 4.4%로 보고 하였으며, 이러한 높은 유병률과 더불어 대부분 연구에서 이들의 사회 적응에 문제가 있다고 하였다(Mannuzza 등 1993, Barkley 등 1990, Mannuzza 등 1998). 이러한 적응 능력은 실행기능과 연관이 있다(Biederman 등 2004). 성인 ADHD에서 관찰되는 신경심리 검사에서의 결함은 소아 ADHD에서 보고되었던 것과 비슷한 양상으로 보고되고 있다. 정상 기능을 수행함에 있어서 실행 기능이 중요하다는 것을 고려해 보면 실행 기능의 결함은 이들 환자의 사회 적응능력 저하와 높은 상관을

---

* 이 챕터 내용은 [반건호, 손소정, 박용철, 조아랑, 박진경: 성인주의력결핍-과잉운동장애 환자의 취업 및 군 문제. 경희의학 22(2):112-116, 2006]에서 인용하였음.

시사한다. Bierderman 등(2004)은 ADHD 청소년에서 실행 기능의 결함이 있는 경우 실행 기능의 결함이 없는 청년 보다 유급, 성적 저하를 포함하는 학교생활의 결함을 보이는 것으로 보고하였다. 이러한 실행 기능의 장애는 아동이 자라면서 학교 및 직장에서의 적응문제를 일으킬 가능성이 높다.

ADHD 환아의 후기 청소년기와 초기 성인기에 대한 추적 연구 중 대표적인 것으로 몬트리올 연구와 뉴욕 연구를 들 수 있다. 몬트리올 연구는 Weiss와 Hechtmann(1993)의 자료에서 볼 수 있다. 이들은 6-12세의 과잉행동 아동 104명을 5년, 10년, 15년에 추적 조사하였다. 처음 대상자의 88%, 73%, 49-61%가 각각 연구에 응하였다. 뉴욕 연구(Gittlemann과 Mannuzza 1985)는 6-12세였던 115명의 과잉행동 아동을 9년 뒤에 추적 조사하여 98%가 응하였으며, 평균나이가 25세가 되던 16년 뒤에 90%가 추적 연구에 응하였다(Mannuzza 등 1993). 이들은 첫 번째 연구가 시작된 이후 111명을 대상으로 두 번째 연구(Mannuzza 등 1991, 1997)를 시작하였고, 11년 뒤에 89%, 17년 뒤에 83%가 연구대상으로 참여하였다.

직업에 대한 부분은 몇 가지 방법으로 평가 조사하였다(Mannuzza와 Klein 2000). 첫 번째 질문은 ADHD 군이 어떤 직업군을 갖는가 하는 것이었다. 뉴욕 및 몬트리올 연구 모두 ADHD 군이 대조군에 비해 직업 분류상 낮은 서열의 직업에 종사하는 것으로 나타났다. 뉴욕 연구의 ADHD 군이 흔히 갖는 직업은 기술직으로서 주로 기계공, 목수, 전기수리공, 페인트공, 정비직, 배관공 등이었다. 몬트리올 연구에서는 직업군을 보고하지 않았다. 직업에 관한 두 번째 측면은 작업수행능력에 관한 것이다. 작업 충실도, 독립성, 완성도, 상사와의 관계 측면에 대해 몬트리올 연구에 응한 고용주들은 ADHD 군을 비교군에 비해 좋지 않다고 평가하였다. 해고율도 대조군에 비해 높았다. 세 번째 기준인 고용율은 뉴욕 및 몬트리올 연구 모두 대조군과 통계학적으로 유의미한 차이는 보이지 않았다. 뉴욕 연구에서 고용율은 ADHD 군에서 85%, 대조군은 79%로 ADHD 군이 높았다. 하지만 ADHD 군의 5%가 학생인 반면, 대조군은 14%가 학생이었음을 감안하면 고용율이 높다는 것은 ADHD 군의 수학기간이 짧다는 것을 의미한다(Mannuzza 등 1997, Mannuzza와 Klein 2000).

성인 ADHD에서의 작업 수행에 관한 최근 연구(Kessler 등 2005)를 살펴보면 참여한 18-44세 사이의 2,399명의 고용인 중 4.2%가 ADHD 이며, 직종별로 보면 연구에 참여한 전문직 종사자의 3.1%, 기술자 6.5%, 서비스업 3.0%, 육체 노동자 4.2%가 성인 ADHD였다. 성인 ADHD는 연간 35일의 노동력 상실과 관련되었으며, 특히 육체 노동자 군에서는 연간 58.8일로 다른 직업군보다 높게 나타났다. 그러나 연구 인터뷰 전 일년 동안 치료를 받았다고 보고한 성인 ADHD는 16.4%로 보고되었으며, 치료 유무에 따른 차이에 대해서는 밝히지 못했다. 이러한 성인 ADHD에서의 작업 수행과 관련된 영향이 효과적인 치료로 향상될 수 있는지에 대한 연구가 필요하겠다.

Barkley 등(2006)이 소아 ADHD 환자 149명과 정상 대조군 72명을 추적 관찰한 연구에서 성인이 된 ADHD의 해고율은 16.4%로 정상 대조군의 6.4%보다 유의미하게 높았다. 또한 고용주가 작성한 작업 수행평가에서 성인 ADHD가 정상 대조군보다 유의하게 낮은 점수를 받은 것으로 보고되었다.

우리나라의 경우 성인 ADHD 환자의 직업 분포에 대한 연구가 없는 실정이다. 추후 적절한 연구가 필요하다.

성인기 과제 중 특히 우리나라에서 중요한 것이 군대 문제이다. 우리나라는 징집제이므로 모든 남성이 일정 연령이 되면 신체검사를 통해 적법한 사유가 없는 한 군복무를 하게 된다. ADHD를 가진 남성의 경우 군입대 신검에서 어떤 처분을 받아야 할 것인가? 또한 군입대 후라도 ADHD가 진단되거나 과거력 상 ADHD 치료를 받은 병력이 밝혀질 경우 어떻게 처리할 것인가?

2006년 1월 26일 발표되고 동년 2월1일부터 시행된 국방부령 제590호 '징병 신체검사 등 검사규칙'에 소아청소년 정신질환에 대한 언급이 있다(국방부 2006). 소아청소년 정신질환은 심리적 발달장애와 소아청소년기 장애(전반적 발달장애, 학습장애, 운동기술장애, 의사소통장애, 주의력 결핍 및 파괴적 행동장애, 유소아기 섭식장애, 틱장애, 배설장애 등)를 말하며 이 경우 현재 상태를 기준으로 한다. 이러한 장애에 대해 3-5급, 즉, 정도에 따라 현역투입, 공익요원근무, 군 면제 등으로 나뉜다. (표 1) 급수 산정에 대해 세부 항목이 없으므로 현장 군의관의 판단에 맡길 수 밖에 없다. 우리 군 내부에는 아직 이들 세부 항목에 대한 자료는 없는 것으로 알고 있다.

표 1. 심리적 발달장애와 소아청소년기 장애의 급수와 내용

	내용
7급	향후 일정기간 관찰이 필요한 경우
3급	경도(진단을 내리기 위한 최소한의 증상이 있으며 이로 인한 사회적 · 직업적 기능장애가 적은 경우)
4급	중등도(경도와 고도 사이의 증상이나 기능 장애가 존재하는 경우)
5급	고도(진단을 내리기 위하여 충분히 많은 증상이 있거나 몇 개의 심각한 증상이 있어서 군복무에 상당한 지장이 초래된다고 판단되는 경우)

1991-1992년 사이의 일개 국군병원 정신과 입원환자 150명을 추적 조사한 보고(반건호와 오동재 1995)에서 ADHD에 대한 진단은 내려지고 있지 않았으며, 최종진단 중에 적응 장애(60명), 신체형 장애(13명) 인격장애(13명) 등에 포함되었을 가능성이 크다고 할 수 있다. 특히 적응장애가 60명으로 상당수를 차지하는 바, 진단의 모호성으로 인해 ADHD가 상당수 적응장애로 분류되고 있을 가능성이 있다.

2005-2006년까지 306보충대, 102보충대, 논산병원에서의 군 신체검사 결과에서는 12명이 ADHD로 귀향판정을 받았다. 하지만 ADHD가 다른 병명으로 판단되고 있을 가능성이 있으므로 정확한 수치를 알기 힘든 것이 사실이다.

병무청 자료 (표 2)를 보면 징병신체검사 등 검사규칙에 의거하여 2004년에 46명, 2006년에 44명이 '심리적 발달장애와 소아청소년기 장애'로 판정 받았다. 5급 판정(면제)을 받은 7명 중에 ADHD는 없다(오00, 개인교류자료).

표 2. 심리적 발달장애와 소아청소년기 장애 처분 현황

구분	질병 심신 장애의 정도				
판정연도	계	7급	3급	4급	5급
2004년도	46	7	12	25	2
2005년도	44	0	9	30	5
계	90	7	21	55	7
비고		재검	현역	공익	예비군(x), 민방위(o)

미군의 예를 보면 1959년 Walter Reed General Hospital에서 소아정신과 수련 제도를 마련하는 등(Anderson 1963), 50여 년에 걸친 군

진의학 경험을 바탕으로 소아정신장애에 대해서도 군 입대 시 기준을 마련한 것으로 보인다. 2004년 6월부터 적용하고 있는 ADHD 기준은 다음과 같다(Friedman 2006). 과거 12개월 내 ADHD 약물 투여 경력이 있거나 충동성 또는 부주의 소견이 두드러지는 경우 군 당국이 입대를 허용하지 않을 수 있다. 미국에서는 연간 300명 이상이 ADHD로 인해 현역 군복무 부적격자로 판명되고 있다(Krauss 등 2006). 이 조사에서 저자들은 입대 시 신체검사에서 정확한 병력청취와 기록의 중요함을 강조하였고, ADHD환자가 입대할 경우 본인과 타인의 안전에 심각한 영향을 줄 수 있음을 염두에 두어야 하며, 입대가 허가된 경우에도 병식을 갖게 하고 병무기록에 환자의 상태를 정확히 적어서 항상 주의를 가질 것을 이야기 하였으며, 전체적으로 ADHD환자의 군복무에 대해 다소 회의적인 입장을 보였다. 하지만 1995-2000년 사이의 ADHD 환자군을 분석한 자료에서는 군대에서 복무중인 ADHD 병력의 539명과 1,617명의 대조군 비교를 통해 약물치료 없이 고등학교를 졸업하였고 1년 이상 직업을 유지하였다면 군생활과 군복무능력에서 큰 차이가 없음을 밝혔다. 입대 신체 검사 시 ADHD로 판명돼 입대 연기되는 숫자(연간 150이상)보다 질병상태를 모르고 입대해서 ADHD로 밝혀지는 숫자(연간 200이상)가 훨씬 많으므로 합리적인 기준을 만족하는 경우에는 대기발령 없이 즉시 현역으로 입대가 가능하도록 하자는 주장도 있다(Friedman 등 2006).

우리나라는 미국과 달리 징집제이므로 ADHD 경우 어떻게 처리될 것인가는 뜨거운 감자가 될 공산이 매우 높다. 투약에 따라 증상이 의미 있게 변화할 수 있으므로 자의적인 투약 중단을 통한 악용의 가능성도 존재한다. 이런 문제를 해결하기 위해서는 성인 ADHD 환자 자료 축적(cohort study), 장기적, 지속적 ADHD 홍보, ADHD 조기 발굴, 조기 치료, 장기 치료 자료가 확보되어야 하며 전공의, 군의관 대상 소아정신과 교육이 반드시 필요하다. 추후에는 모병제를 대비하여 우리 나라의 ADHD 입대 기준 연구가 확립되어야 할 것이다.

참고문헌

1장.

반건호, 조아랑. 성인에서의 주의력결핍-과잉행동장애. 경희의학 18:3,4 (합본):143-157, 2002

조수철, 신윤오: 파탄적 행동장애의 유병율에 대한 연구. 소아청소년정신의학 5:141-149, 1994

통계청. 인구동태통계연보. 2006

표경식, 박상학, 김상훈, 조용래, 김학렬, 문경래: 도시지역 초등학생에서 주의력결핍-과잉행동장애의 유병율. 조선의대논문집 20:105-117, 2001

Adler L. Scattered minds: Hope and help for adults with attention deficit hyperactivity disorder. London, Penguin Books, Ltd, 2006

American Psychiatric Association(APA): Diagnostic and Statistical Manual of Mental Disorders, (2nd ed.). Washington DC, American Psychiatric Press, 1968

American Psychiatric Association: Diagnostic and Statistical Manual of Mental Disorders, (3rd ed.). Washington DC, American Psychiatric Press, 1980

American Psychiatric Association: Diagnostic and Statistical Manual of Mental Disorders, (3rd ed., rev.). Washington DC, American Psychiatric Press, 1987

American Psychiatric Association: Diagnostic and Statistical Manual of Mental Disorders, (4th ed.). Washington DC, American Psychiatric Press, 1994

American Psychiatric Association: Diagnostic and Statistical Manual of Mental Disorders, TRTM. (4th ed., text rev.). Washington DC, American Psychiatric Press, 2000

Anderson JC, Williams S, McGee R, Silva PA: DSM-III disorders in preadolescent children. Arch Gen Psychiatry 44:69-76, 1987

Barkley RA, Fischer M, Edelbrock CS, et al: The adolescent outcome of hyperactive children diagnosed by research criteria, I: An 8-year prospective follow up study. J Am Acad Child Adolesc Psychiatry 29:546-557, 1990

Barkley RA, Fischer M, Smallish L, Fletcher K. The persistence of attention-deficit/hyperactivity disorder into young adulthood as a function of reporting source and definition of disorder. Journal of Abnormal Psychology 111:279-289, 2002

Barkley RA, Murphy KR, Fischer M. ADHD in adults: What the science says. New York:Guilford Press, 2008

Biederman J, Faraone SV, Spencer T, et al: Patterns of psychiatric comorbidity, cognition, and psychosocial functioning in adults with attention deficit hyperactivity disorder. Am J Psychiatry 150:1792-1798, 1993

Bird HR, Canino G, Stipec MR et al: Estimate of the prevalence of childhood maladjustment in a community survey in Puerto Rico. Arch Gen Psychiatry 45:1120-1126, 1988

Clements S: Minimal brain dysfunction in children(National Institute of Neurological Diseases and Blindness, Monograph No.3). Washington DC, US Department of Health, Education, and Welfare, 1966

Crichton A. An inquiry into the nature and origin of mental derangement: comprehending a concise system of the physiology and pathology of the human mind and a history of the passions and their effects. 1798. In: http://adhd-npf.blogspot.com/2008/10/english-adhd-history-1798-alexander.html

Curnutt K. A historical guide to F Scott Fitzgerald. New York, Oxford University Press, 2004

Gittelman R, Mannuzza S, Shenker R, Bonagura N: Hyperactive boys almost grown up: I. Psychiatric status. Archives of General Psychiatry, 42, 937-947, 1985

Green WH. Child and adolescent clinical psychopharmacology. 4th ed. Philadelphia: Lippincott Williams & Wilkins; 2006.

Harticollis P. The syndrome of minimal brain dysfunction in young adult patients. Bulletin of the Menninger Clinic 32:102-114, 1968

Honos-Webb L. The gift of adult ADD: How to transform your challenges and build on your strengths. Oakland, CA, New Harbinger Publications, INC, 2008

Kelly K, Ramundo P. You mean I'm not lazy, stupid or crazy?: The classic self-help book for adults with attention deficit disorder, updated edition. New York, Scribner, 2006

Mannuzza S, Klein RG, Bessler A, Malloy P, LaPadula M. Adult outcome of hyperactive boys: Educational achievement, occupational rank, and psychiatric status. Archives of General Psychiatry 50:565-576, 1993

Mannuzza S, Klein RG, Bessler A, Malloy P, LaPadula M: Adult psychiatric status of hyperactive boys grown up. American Journal of Psychiatry 155:493-498, 1998

McGee R, Feehan M, Williams S, et al: DSM-III disorders in a large sample of adolescents. J Am Acad Child Adolesc Psychiatry 29:611-619, 1990

Menkes M, Rowe J, Menkes J. A five-year follow-up study on the hyperactive child with minimal brain dysfunction. Pediatrics 39:393-399, 1967

Morrison JR, Stewart M. The psychiatric status of the legal families of adopted hyperactive children. Archives of General Psychiatry 28:888-891, 1973

Nigg JT, Butler KM, Huang-Pollock CL, Henderson JM: Inhibitory processes in adults with persistent childhood onset ADHD. J Consult Clin Psychol 70:153-157, 2002

Rassmussen P, Gillberg C. Natural outcome of ADHD with developmental coordination disorder at age 22 years: A controlled, longitudinal, community-based study. Journal of the American Academy of Child and Adolescent Psychiatry 39:1424-1431, 2001

Still GF. Some abnormal psychical conditions in children: Excerpts from three lectures. J Atten Disord 10:126-136, 2006

Szatmari P, Offord DR, Boyle MH: Ontario child health study: Prevalence of attention deficit disorder with hyperactivity. J Child Psychol Psychiatry 30:219-230, 1989

Weiss G, Hechtman L. Hyperactive children grown up (2nd ed.). New York: Guilford Press, 1993

Weiss G, Hechtman L, Milroy T, Perlman T: Psychiatric status of hyperactives as adults: A controlled prospective 15-year follow-up of 63 hyperactive children. J Am Acad Child Adolesc Psychiatry, 24:211-220, 1985

Weiss L. Attention deficit disorder in adults, 4th ed, Lanhan, Maryland, Taylor Trade Publishing, 2005

Weiss M, Hechtman LT, Weiss G: ADHD in adulthood: A guide to current theory, diagnosis, and treatment. The Johns Hopkins University Press, Baltimore & London, pp140-145, 1999

Wender P. Attention-deficit hyperactivity disorder in adults. New York: Oxford University Press, 1995

Wender P. ADHD:Attention-Deficit Hyperactivity Disorder in Children,

Adolescents, and Adults. Oxford University Press, Oxford, pp155-173, 2000

Wenwei Y. An investigation of adult outcome of hyperactive children in Shanghai. Chinese Medical Journal 109:877-880, 1996

Wood DR, Reimherr FW, Wender PW, Johnson GE. Diagnosis and treatment of minimal brain dysfunction in adults: A preliminary report. Archives of General Psychiatry 33:1453-1460, 1976

World Health Organization: The ICD-10 classification of mental and behavioural disorders: Clinical descriptions and diagnostic guidelines. Geneva, WHO, 1992

2장.

Alexander GE, DeLong MR, Strick PL: Parallel organization of functionally segregated circuits linking basal ganglia and cortex. Annu Rev Neurosci 9:357-381, 1986.

Biederman J, Faraone SV, Mick E, et al.: High risk for attention deficit hyperactivity disorder among children of parents with childhood onset of the disorder: a pilot study. Am J Psychiatry 152:431-435, 1995.

Biederman J: Attention-deficit/hyperactivity disorder: a selective overview. Biol Psychiatry 57:1215-1220, 2005.

Castellanos FX, Lee PP, Sharp W, et al.: Developmental trajectories of brain volume abnormalities in children and adolescents with attention-deficit/hyperactivity disorder. JAMA 288:1740-1748, 2002.

Conners CK: Food Additives and Hyperactive Children. New York: Plenum., 1980.

Cook EH, Jr., Stein MA, Krasowski MD, et al.: Association of attention-deficit disorder and the dopamine transporter gene. Am J

Hum Genet 56:993-998, 1995.

Dimoska A, Johnstone SJ, Barry RJ, et al.: Inhibitory motor control in children with attention-deficit/hyperactivity disorder: event-related potentials in the stop-signal paradigm. Biol Psychiatry 54:1345-1354, 2003.

Elia J, Borcherding BG, Potter WZ, et al.: Stimulant drug treatment of hyperactivity: biochemical correlates. Clin Pharmacol Ther 48:57-66, 1990.

Faraone SV, Biederman J, Mick E, et al.: Family study of girls with attention deficit hyperactivity disorder. Am J Psychiatry 157:1077-1083, 2000.

Faraone SV, Perlis RH, Doyle AE, et al.: Molecular genetics of attention-deficit/hyperactivity disorder. Biol Psychiatry 57:1313-1323, 2005.

Koehler S, Lauer P, Schreppel T, et al.: Increased EEG power density in alpha and theta bands in adult ADHD patients. J Neural Transm, 2008.

LaHoste GJ, Swanson JM, Wigal SB, et al.: Dopamine D4 receptor gene polymorphism is associated with attention deficit hyperactivity disorder. Mol Psychiatry 1:121-124, 1996.

Mick E, Biederman J, Faraone SV, et al.: Case-control study of attention-deficit hyperactivity disorder and maternal smoking, alcohol use, and drug use during pregnancy. J Am Acad Child Adolesc Psychiatry 41:378-385, 2002.

Ogdie MN, Macphie IL, Minassian SL, et al.: A genomewide scan for attention-deficit/hyperactivity disorder in an extended sample: suggestive linkage on 17p11. Am J Hum Genet 72:1268-1279, 2003.

Prox V, Dietrich DE, Zhang Y, et al.: Attentional processing in adults with ADHD as reflected by event-related potentials. Neurosci Lett 419:236-241, 2007.

Richardson GA, Day NL: Detrimental effects of prenatal cocaine exposure: illusion or reality? J Am Acad Child Adolesc Psychiatry 33:28-34, 1994.

Samuel VJ, George P, Thornell A, et al.: A pilot controlled family study of DSM-III-R and DSM-IV ADHD in African-American children. J Am Acad Child Adolesc Psychiatry 38:34-39, 1999.

Schneider M, Retz W, Coogan A, et al.: Anatomical and functional brain imaging in adult attention-deficit/hyperactivity disorder (ADHD)—a neurological view. Eur Arch Psychiatry Clin Neurosci 256 Suppl 1:i32-41, 2006.

Spencer TJ, Biederman J, Mick E: Attention-deficit/hyperactivity disorder: diagnosis, lifespan, comorbidities, and neurobiology. J Pediatr Psychol 32:631-642, 2007.

Sprich S, Biederman J, Crawford MH, et al.: Adoptive and biological families of children and adolescents with ADHD. J Am Acad Child Adolesc Psychiatry 39:1432-1437, 2000.

Van Tol HH, Wu CM, Guan HC, et al.: Multiple dopamine D4 receptor variants in the human population. Nature 358:149-152, 1992.

Weiss G, Hechtman LT: Hyperactive children grown-up. 2nd ed. ADHD in children, adolescents, and adults. New York: Guilford Press., 1993.

Zametkin AJ, Rapoport JL (eds.): Noradrenergic hypothesis of attention deficit disorder with hyperactivity: A critical review. (Psychopharmacology: The Third Generation of Progress.). New York, Raven Press, 1987.

3장.

홍강의: 소아정신의학: 중앙문화사, 2005.

Adler LA, Kessler RC, Spencer T: The Adult ADHD Self-Report Scale (ASRS-v1.1) Symptom Checklist. Geneva: World Health Organization, 2003.

APA: Diagnostic and statistical manual of mental disorders 4th ed. text rev. Edition. Washington, DC, 2000.

Barkley RA: Attention-Deficit Hyperactivity Disorder Third Edition, 2006.

Barkley RA, Fischer M, Smallish L, et al.: The persistence of attention-deficit/hyperactivity disorder into young adulthood as a function of reporting source and definition of disorder. J Abnorm Psychol 111:279-289, 2002.

Barkley RA, Murphy KR: Attention-deficit hyperactivity disorder: A clinical workbook (3rd ed). New York: Guilford press, 2006.

Biederman J, Munir K, Knee D, et al.: High rate of affective disorders in probands with attention deficit disorder and in their relatives: a controlled family study. Am J Psychiatry 144:330-333, 1987.

Biederman J, Faraone SV, Spencer T, et al.: Patterns of psychiatric comorbidity, cognition, and psychosocial functioning in adults with attention deficit hyperactivity disorder. Am J Psychiatry 150:1792-1798, 1993.

Conners CK, staff M: Conners Contiuous Performance Test II. NY: Multi-Health Systems, 2000.

Fischer M, Barkley RA, Smallish L, et al.: Young adult follow-up of hyperactive children: self-reported psychiatric disorders, comorbidity, and the role of childhood conduct problems and teen CD. J Abnorm Child Psychol 30:463-475, 2002.

Gordon M: The Gordon Diagnostic system. NY: Gorden Systems, 1983.

Greenberg LM, Kondschi CL: T.O.V.A. Test of Variables of Attention : Clinical guide.: TOVA Research Foundation, 1996.

Murphy P, Schachar R: Use of self-ratings in the assessment of symptoms of attention deficit hyperactivity disorder in adults. Am J Psychiatry 157:1156-1159, 2000.

Wender P: Attention-deficit hyperactivity disorder in adults. New York: Oxford University Press, 1995.

4장.

유희정, 양수진, 신동원 등: 주의력결핍 과잉행동장애 한국형 치료 권고안 3-약물치료-. J Kor Acad Child Adolesc 18:16-25, 2007.

Baranski JV, Pigeau R, Dinich P, et al.: Effects of modafinil on cognitive and meta-cognitive performance. Hum Psychopharmacol 19:323-332, 2004.

Charach A, Ickowicz A, Schachar R: Stimulant treatment over five years: adherence, effectiveness, and adverse effects. J Am Acad Child Adolesc Psychiatry 43:559-567, 2004.

Daviss WB, Scott J: A chart review of cyproheptadine for stimulant-induced weight loss. J Child Adolesc Psychopharmacol 14:65-73, 2004.

Denckla MB, Bemporad JR, MacKay MC: Tics following methylphenidate administration. A report of 20 cases. JAMA 235:1349-1351, 1976.

Dodson WW: Pharmacotherapy of adult ADHD. J Clin Psychol 61:589-606, 2005.

Faraone SV, Wilens T: Does stimulant treatment lead to substance use disorders? J Clin Psychiatry 64 Suppl 11:9-13, 2003.

Gadow KD, Sverd J, Sprafkin J, et al.: Long-term methylphenidate therapy in children with comorbid attention-deficit hyperactivity disorder and chronic multiple tic disorder. Arch Gen Psychiatry 56:330-336, 1999.

Greenhill LL, Swanson JM, Vitiello B, et al.: Impairment and deportment responses to different methylphenidate doses in children with ADHD: the MTA titration trial. J Am Acad Child Adolesc Psychiatry 40:180-187, 2001.

Hwang JW, Kim BN, Cho SC: Compliance study of methylphenidate IR in the treatment of ADHD. J Kor Acad Child Adolesc Psychiatry 15:160-167, 2004.

Kratochvil CJ, Newcorn JH, Arnold LE, et al.: Atomoxetine alone or combined with fluoxetine for treating ADHD with comorbid depressive or anxiety symptoms. J Am Acad Child Adolesc Psychiatry 44:915-924, 2005.

Law SF, Schachar RJ: Do typical clinical doses of methylphenidate cause tics in children treated for attention-deficit hyperactivity disorder? J Am Acad Child Adolesc Psychiatry 38:944-951, 1999.

McCracken JT, Biederman J, Greenhill LL, et al.: Analog classroom assessment of a once-daily mixed amphetamine formulation, SLI381 (Adderall XR), in children with ADHD. J Am Acad Child Adolesc Psychiatry 42:673-683, 2003.

McGough JJ, McBurnett K, Bukstein O, et al.: Once-daily OROS methylphenidate is safe and well tolerated in adolescents with attention-deficit/hyperactivity disorder. J Child Adolesc Psychopharmacol 16:351-356, 2006.

Meszaros A, Czobor P, Balint S, et al.: [Pharmacotherapy of adult Attention Deficit/Hyperactivity Disorder (ADHD): a systematic review]. Psychiatr Hung 22:259-270, 2007.

Michelson D, Adler L, Spencer T, et al.: Atomoxetine in adults with ADHD: two randomized, placebo-controlled studies. Biol Psychiatry 53:112-120, 2003.

Pliszka SR, Crismon ML, Hughes CW, et al.: The Texas Children's

Medication Algorithm Project: revision of the algorithm for pharmacotherapy of attention-deficit/hyperactivity disorder. J Am Acad Child Adolesc Psychiatry 45:642-657, 2006.

Spencer T, Biederman J, Wilens T, et al.: Efficacy of a mixed amphetamine salts compound in adults with attention-deficit/hyperactivity disorder. Arch Gen Psychiatry 58:775-782, 2001.

Spencer T, Biederman J, Wilens T: Nonstimulant treatment of adult attention-deficit/hyperactivity disorder. Psychiatr Clin North Am 27:373-383, 2004.

Turner DC, Clark L, Dowson J, et al.: Modafinil improves cognition and response inhibition in adult attention-deficit/hyperactivity disorder. Biol Psychiatry 55:1031-1040, 2004.

Weiss MD, Weiss JR: A guide to the treatment of adults with ADHD. J Clin Psychiatry 65 Suppl 3:27-37, 2004.

Wender PH, Reimherr FW: Bupropion treatment of attention-deficit hyperactivity disorder in adults. Am J Psychiatry 147:1018-1020, 1990.

Wilens TE, Biederman J, Prince J, et al.: Six-week, double-blind, placebo-controlled study of desipramine for adult attention deficit hyperactivity disorder. Am J Psychiatry 153:1147-1153, 1996.

Wilens TE, Spencer TJ, Biederman J, et al.: A controlled clinical trial of bupropion for attention deficit hyperactivity disorder in adults. Am J Psychiatry 158:282-288, 2001.

Wolraich ML, Greenhill LL, Pelham W, et al.: Randomized, controlled trial of oros methylphenidate once a day in children with attention-deficit/hyperactivity disorder. Pediatrics 108:883-892, 2001.

5장.

Adler L: Scattered minds, hope and help for adults with attention deficit hyperactivity disorder. New York, Penguin Group (USA) Inc, 2006

Barkley RA: Attention-Deficit Hyperactivity Disorder, Third Edition, New York, The Guilford Press, 2006

Daniel GA: Healing ADD, the breakthrough program that allows you to see and heal the 6 types of ADD. New York, Penguin Group (USA) Inc, 2001

Doyle BB: Understanding and treating adults with attention deficit hyperactivity disorder. Arlington, American Psychiatric Publishing Inc, 2006

Lynn W: Attention deficit disorder in adults. Maryland, Taylor Trade Publishing, 2005

Margaret W, Lilly TH, Gabrielle W: ADHD in adulthood, a guide to current theory, diagnosis, and treatment. Baltimore, The Johns Hopkins University Press, 2001

Nancy AR: The Disorganized Mind, coaching your ADHD brain to take control of your time, tasks, and talents. New York, St Martin's Press, 2008

Ramsay JR, Rostain AL: Cognitive-behavioral therapy for adult ADHD, an integrative psychosocial and medical approach. New York, Routledge, 2008

Steven AS, Susan S, Carol AP, Michael WO: Mastering Your Adult ADHD, A Cognitive-Behavioral Treatment Program. New York, Oxford University Press, 2005

Tomas EB: Atten deficit disorder, the unfocused mind in children and adults. New Haven, Yale University Press, 2005

Tuckman A: Integrated treatment for adult ADHD. Oakland, New Harbinger Publications Inc, 2007

6장.

Doyle BB: Understanding and treating adults with attention deficit hyperactivity disorder. Arlington, American Psychiatric Publishing Inc, 2006

Edward MH, John JR: Delivered from distraction, Getting the most out of life with attention deficit disorder. New York, Ballantine Books, 2006

Jennifer K: Odd One Out, The Maverick's Guide to Adult ADD. U.S.A., ADD Management Group Inc, 2007

Judith K, Katheleen N: ADD-friendly ways to organize your life. Brunner-Routledge, 2002

Kate K, Peggy R: You Mean I'm Not Lazy, Stupid or Crazy?!, The Classic Self-Help Book for Adults with Attention Deficit Disorder. New York, Scribner, 2006

Kathleen GN: ADD in the work place, choices, changes and challenges. New York, Brunner-Routledge, 1997

Margaret W, Lilly TH, Gabrielle W: ADHD in adulthood, a guide to current theory, diagnosis, and treatment. Baltimore, The Johns Hopkins University Press, 2001

Nancy AR: The Disorganized Mind, coaching your ADHD brain to take control of your time, tasks, and talents. New York, St Martin's Press, 2008

Novotni M: What does everybody else know that I don't?, social skills help for adults with attention deficit/hyperactivity disorder. Florida, Specialty Press Inc, 2008

Steven AS, Susan S, Carol AP, Michael WO: Mastering Your Adult ADHD, A Cognitive-Behavioral Treatment Program. New York, Oxford University Press, 2005

7장

Andersen SL, Teicher MH: Sex differences in dopamine receptors and their relevance to ADHD. Neurosci Biobehav Rev 24:137-141, 2000.

Arcia E, Conners CK: Gender differences in ADHD? J Dev Behav Pediatr 19:77-83, 1998.

Davis C, Levitan RD, Smith M, et al.: Associations among overeating, overweight, and attention deficit/hyperactivity disorder: a structural equation modelling approach. Eat Behav 7:266-274, 2006.

Kathleen G, Patricia QO: Gender Issues and AD/HD, 2002.

Nadeau K: A Comprehensive Guide To Attention Deficit Disorder In Adults. NY, 1995.

Rasmussen K, Levander S: Untreated ADHD in adults: are there sex differences in symptoms, comorbidity, and impairment? J Atten Disord 12:353-360, 2009.

Rosler M, Retz W, Yaqoobi K, et al.: Attention deficit/hyperactivity disorder in female offenders: prevalence, psychiatric comorbidity and psychosocial implications. Eur Arch Psychiatry Clin Neurosci, 2008.

Rucklidge JJ: Gender differences in ADHD: implications for psychosocial treatments. Expert Rev Neurother 8:643-655, 2008.

Solden S: Women with Attention Deficit Disorder. Nevada City, California: Underwood Books, 2005.

Waite R: Women and attention deficit disorders: a great burden overlooked. J Am Acad Nurse Pract 19:116-125, 2007.

8장

국방부, 징병 신체검사 등 검사규칙, 2006

반건호, 손소정, 박용철, 조아랑, 박진경: 성인주의력결핍-과잉운동장애 환자의 취업 및 군 문제, 경희의학 22(2):112-116, 2006

반건호, 오동재. 국군 00병원 정신과 입원환자의 추적 조사. 신경정신의학 34:511-522, 1995

오00 대령. 개인교류자료

Anderson WH., The status of child psychiatry in the army. Mil Med 128:1102-1103, 1963

Barkley RA, Fischer M, Edelbrock CS, Smallish L. The adolescent outcome of hyperactive children diagnosed by research criteria, l:an 8-year prospective follow-up study. J Am Acad Child Adolesc Psychiatry 29:546-557, 1990

Biederman J, Monuteaux M, Seidman L, Dolyle AD, Mick E, Wilens T, et al. Impact of executive function deficits and ADHD on academic press outcomes in children. J Consult Clin Psychol 72:757-766, 2004

Barkley RA, Fischer M, Smallish L, Fletcher K. Young adult outcome of hyperactive chilfren: adaptive functioning in major life activities. J Am Acad Child Adolesc Psychiatry 45:192-202, 2006

Friedman LS. ADHD, medication, and the military service: a pediatrician's dilemma. J Dev Behav Pediatr 27:141-144, 2006

Gittelman R, Mannuzza S. Diagnosing ADDH in adolescents. Psychopharmacology Bulletin 21:237-242, 1985

Kessler RC, Adler L, Ames M, Barkley RA, Birnbaum H, Greenberg P, et al. The prevalence and effects on adult attention deficit/hyperactivity disorder on work performance in a nationally representative sample of workers. J Occu Environ Med 47:565-572, 2005

Kessler RC, Adler L, Barkley R, Biederman J, Conners CK, Demler O, et al. The prevalence and correlates of adult ADHD in the United States: results from the National Comorbidity Survey Replication. Am J Psychiatry 163:716-723, 2006

Krauss MR, Rusell RK, Pwers TE, Li T. Accession standards for attention-deficit/hyperactivity disorder: a survival analysis of military recruits, 1995-2000. Mil Med 171:99-102, 2006

Mannuzza S, Klein RG. Long-term prognosis in attention-deficit/hyperactivity disorder. Child Adolesc Psychiatr Clin N Am 9:711-726, 2000

Mannuzza S, Klein RG, Bessler A, Malloy P, Hynes ME: Educational and occupational outcome of hyperactive boys grown up. J Am Acad Child Adolesc Psychiatry 36:1222-1227, 1997

Mannuzza S, Klein RG, Bessler A, Malloy P, LaPadula M. Adult outcome of hyperactive boys: Educational achievement, occupational rank, and psychiatric status. Archives of General Psychiatry 50:565-576, 1993

Mannuzza S, Klein RG, Bessler A, Malloy P, LaPadula M. Adult psychiatric status of hyperactive boys grown up. Am J Psychiatry 155:493-498, 1998

Mannuzza S, Klein RG, Bonagura N, Malloy P, Giampino TL, Addalli KA, Hyperactive boys almost grown up: V. Replication of psychiatric status. Archives of General Psychiatry 48:77-83, 1991

Weiss G, Hechtman LT. Hyperactive children grown up. ADHD in children, adolescents, and adults. 2nd ed. New York: Guilford; 1993